LA PARED

LA CALLE

Josh

LA PARED

Editorial La Calle

Antequera 2024

No puedo mirarte, no puedo besarte,
ni puedo abrazarte, ni sentirte mía.
Mía nada más, mía nada más.
Ahí está la pared que separa tu vida y la mía.

Bambino

AGRADECIMIENTOS

Gracias por ayudarme a derrumbar la pared. Este loco diario existe gracias a muchas personas.

A César y sus gatos, que fueron testigos de las primeras líneas. A Juan, porque si él no confiara en mí, no lo haría ni yo. A todo el equipo de La Calle, por darle forma a mis pensamientos y tratar este pedazo de mi vida hecho libro con tanto cariño. A Mr Big, porque es, fue y siempre será el 50 % de mi historia. A mis cinco angelitos, que espero algún día, cuando sean capaces de leer esto, entiendan por qué no estuve más presente. V y M, da igual la distancia y el tiempo, siempre creeré en las hadas. A mi madre, por ser más valiente de lo que yo jamás podré ser. A mi David, porque tengo por seguro que está descojonándose de la risa de verme sacar un libro. A todes les que en el algún momento se han enfrentado a una pared. A mis compañeros de piso, que fueron mis primeros donativos y los primeros que me vieron llorar de alegría al ver este sueño hecho realidad.

La pared ha sido posible gracias al mecenazgo de Péiname Juana, Juan Valdivia, Andrea López, Melisa García, Mariola Villuendas, María Pareja, Javier Fernández, Rafa Gómez «Rafoki», Susana Ruiz, César Cuenca, Cristina López, Tabatha Rodríguez, Pedro Antonio Muñoz, Lidia,

Silvia, Beatriz López (Tata Bea), Ana María Cañadas (Tata Nana), Juan Tijeras «Memol», Salva Poveda, Ana Quiles, Yolanda Pérez, Elena Cantalapiedra, David Díaz, Brahim Mohamed, Mariola Gutiérrez, Danuvia Reina de la Noche, Omar Martínez, Juan Santiago, Marina Rodríguez, Carmen López y Luis Cruces. Gracias a todes vosotres por confiar también en mí, en la obra y en todo este proceso tan maravilloso.

PRÓLOGO

Subir ocho metros de escalera para entrar por un balcón fue para mí como poner cemento. El último ladrillo lo pusiste tú, dando por hecho que todo estaba bien y que iba a ser como siempre.

En tu cabeza, lo único que iba a ocurrir era que ibas a conseguir sacarme de mis casillas, para que la responsabilidad de aquello cayera sobre ambos y no solo sobre ti. Así, al menos, tendrías un motivo para jugar a la víctima parcial, poder pedir tiempo para ti y para recomponerte, y, de una manera u otra, hacerme partícipe de aquel desastre.

En ese momento, no sé si fueron las luces blancas, que indicaban que la fiesta había acabado, la soledad, el abandono por parte de tu cuadrilla, el darte cuenta de que no sabías dónde estaba yo o el desafortunado choque contra un árbol a tempranas horas de la mañana lo que te hizo volver a casa con las orejas bajadas y ningún ápice de orgullo.

Ahí, sin saberlo, me ayudaste a enyesar la esquina de la pared que me faltaba, volviendo a creer, una vez más, que tu presencia bastaba. Que la comunicación era tan solo un eufemismo de «estar presente» y que hablar las cosas era repetir una vez más que si ya sabíamos lo que debíamos hacer, solo debíamos llevarlo a cabo.

Y, como casi ningún *deadline*, el trabajo estaba terminado antes de lo esperado. Tu error fue dejarme elegir el color con el que pintar la pared. ¿Cómo eligen las parejas de qué color pintar una pared? O, peor aún, ¿cómo eliges de qué color vas a pintar la pared si aún estás lamentando haber puesto el primer ladrillo? Un auténtico desastre.

Ahí me veía yo, con un mazo queriendo romperla; y ahí estabas tú, con una brocha y una paleta, mezclando colores para demostrar al espectador que, al menos, te importaba de qué color iba a quedar finalmente el muro que días antes te habías comprometido a ayudarme a derrumbar, para, al fin, tener la vida que siempre habíamos querido.

Así que, en un acto de empatía, decidí descargarte de toda responsabilidad y cambiar el mazo por la brocha, y pinté. Pinté con la sonrisa más grande que en aquel momento era capaz de hacer. Una sonrisa, mucha ansiedad y el corazón roto.

Quería pensar que nada de aquello era verdad, que no estaba pasando y, en algún momento, me iba a despertar de aquel sueño que, definitivamente, iba a contarte (por todo aquello de que los sueños que cuentas no se hacen realidad). Y no era un sueño, así que también me tocó poner al día a mi cuadrilla.

—Al fin lo he hecho, le he dicho que se vaya.

—¡Cómo me alegro por ti! Eres un valiente.

—¿Dolerá mucho?

—Hoy duele. Mañana, no tanto. Pasado mañana, se te habrá olvidado.

Y eso no es verdad.

HOY DUELE; MAÑANA, MÁS.

Y va *in crescendo*.

1

MANUAL DE COSAS QUE NO HACER EN UNA RUPTURA (*SPOILER:* SALE MAL)

Aquella madrugada fue la primera de no sé cuántas futuras visitas a Urgencias. Recuerdo al vigilante de seguridad, un hombre canoso, pero no muy mayor, bastante *sexy*. No dejaba de mirar cómo temblaba mi mano, agarrando el móvil y sin dejar de mirar una foto de Mr. Big. Y llorando, llorando como un hombre.

—No sé qué te ha pasado, pero ni nada ni nadie merece que estés así. Relájate, o inténtalo, por favor.

—La culpa es mía, solo mía.

—Sigue sin merecerlo.

—Señor, ¿por qué no se mete en sus asuntos?

Justo en ese momento, salía el médico de guardia, el cual fue testigo auditivo de toda la conversación entre el hombre de seguridad y yo. Lógicamente, sus pocas ganas de trabajar disminuyeron aún más al escuchar mis faltas de respeto y la mucha o poca empatía profesional que tuviera aquel médico desapareció al instante.

Sin preguntar por mi nombre, me hizo un gesto con la cabeza para que pasara a la consulta, donde me esperaba la enfermera con una inyección para mí. Calmante en vena, un reposo domiciliario de cuarenta y ocho horas, mucha agua y acudir de nuevo a Urgencias si persistía, fueron las recomendaciones.

Aquella semana la recuerdo como un torbellino. Acudía a mi puesto de trabajo como camarero con el piloto automático. Lo apagaba al salir. Mis compañeros de trabajo me veían entrar y salir, acumular ropa sucia en la taquilla de los vestuarios y andar como un loco de acá para allá, sin tener muy claro qué hacía y a dónde iba.

—Josh, ¿estás bien? —me preguntó Mohamed—. Te noto distante con nosotros...

—Qué va, cielo, ¿por qué lo dices? —fingí.

—Pues... no sé. Por ejemplo, porque se supone que la rodaja de naranja va en el refresco de naranja y no en el de cola; los vasos infantiles que llevas para la mesa 3 son para dos clientes de 60 años, aproximadamente; es decir, que no van allí; estás sudando y acabas de entrar al puesto de trabajo y te tiembla la mano en la que llevas la bandeja. ¿Necesitas salir a fumarte un cigarro?

—Por favor.

—Dale, ya arreglo yo esto.

Y así, día tras día, sin yo darme cuenta y todos los de mi alrededor siendo conscientes, iba perdiendo la cabeza y pareciéndome cada vez más a Jack Nicholson en aquella película en la que encajaba la cabeza entre dos lejas de madera. No le contaba a nadie lo que estaba pasando por mi cabeza, porque mi única misión (aparte de intentar mantener el puesto de trabajo pasase lo que pasase) era demostrar que era una persona fuerte, madura e independiente, a la cual no le afectaba lo más mínimo nada de lo que pudiera pasar, porque, ante todo, era profesional.

Cada día solía contar por segundos cada minuto que tenía que pasar en aquella cárcel grasienta, hasta que pasaba mi turno, me metía al baño a llorar entre turnos o, simplemente, me dormía en el coche de mi compañero Fran, hasta que volvía a dar la hora de entrar, con tal de no pisar mi casa. Al terminar, acudía a mi bazar de alimentación de confianza a gastarme el sueldo en chucherías, patatas fritas de todos los colores y sabores, chocolate en todas sus formas posibles y latas de refresco, que me bebía de un solo trago.

Abundante azúcar era lo que necesitaba para contrarrestar los efectos de las pastillas para dormir, mezclados con marihuana para ayudarme a cerrar los ojos y llevar a cabo tres de mis propósitos: no pensar, no soñar y no abrir los ojos en medio de la sordomuda madrugada. De esa manera, no tenía que recurrir a la masturbación, las lágrimas y el posterior mensaje de texto a Mr. Big con tan solo dos palabras: «¿POR QUÉ?».

Volver a despertarme me reconfortaba, porque significaba que muchas horas de sol me protegerían antes de que llegara mi gran enemiga de aquellos días: la noche. Y es que es importante identificar a tus enemigos en esos días, que van desde la noche hasta la gente que te dice cosas con sentido común, pero tú no las quieres escuchar, porque «tú ya sabes lo que tienes que hacer».

A mí nadie me tenía que hacer o que dejar de hacer, porque yo ya había escrito un manual de supervivencia, titulado *Cómo no sobrevivir a una ruptura*. Eso también me hacía empoderarme. Ahora me doy cuenta de que fue mi primer gran fallo después de la ruptura: empoderarme.

Cuando culpas de todo lo que está pasando a todo tu alrededor, significa que tienes un grave problema. Y cuando te autodiagnosticas depresión y pasas a culpar de todo a la enfermedad, estás pintando la imagen de algo irreal para luego venderla al mundo. Al resto de mortales les sonará bien durante un rato, pero, como si de ensaladilla rusa al sol se tratara, empezará a oler a rancio en un periodo muy corto de tiempo.

No hay nada más victimista que no llorar, no pasar tu propio luto y, además, destripar a diestro y siniestro supuestas verdades y grandes mentiras con la única finalidad de que las personas que están cerca de ti sientan compasión. Y la compasión empezó a convertirse en mi alimento favorito durante aquellos días.

Y es que... qué bonito es oír lo importante que cree la gente que eres o lo especial, o lo guapo o lo feo que es el otro. O lo valiente que eres, joven, hambriento de vida y un infinito de adjetivos que la otra puede creer en mayor o menor medida, pero que para nada representa el cien por cien de la realidad, pero al espectador de esta truculenta historia, en este caso, le ayuda a salir del paso el simple hecho de proponer un brindis: «Por Josh, que se lo merece». Él, ella o *elle* sale del paso y tú (yo) te alimentas nuevamente de esa compasión y te empoderas de nuevo.

Así que, hambriento de compasión, decidí cambiar mi rutina de sentirme abrazado por la luz del sol y comencé a abrazarme a las barras de los bares. Y ahí comenzó mi duelo y, sin saberlo, mi fin.

—Ponme una rubia bien fría y un chupito de tequila con limón y sal.

2

PERDONA, ¿TIENES UNA LLAVE?

Desperté sin ápice de resaca ni el arrepentimiento que normalmente convive con ella. De hecho, tenía bastante energía y sorprendentes ganas de vivir aquel día. Fue entonces cuando caí en la cuenta.

—Mierda, es viernes. Hoy hemos quedado.

Me levanté de un salto, caí en la ducha y me dispuse a dar la primera parte de mi gira mundial en mi cabeza, con grandes éxitos de ayer, hoy y siempre, llevando mi garganta a tonos imposibles y desgalillándome cual pobre animal de granja agonizando. Me sequé, me hice un par de fotos en el espejo ligero de ropa para subir a redes sociales y dejar claro que estaba soltero, que era libre y, sobre todo, que sabía meter barriga.

Me puse mi uniforme de trabajo, bajé a comprar dos paquetes de tabaco (porque era viernes y se salía), cogí de un salto el autobús y me dirigí a la cárcel grasienta con los auriculares puestos y mucha energía. No era energía, eran nervios.

Aquel turno de trabajo no me costó nada, para mi sorpresa. Y es que parecía que el hijo de puta que dirigía el tiempo se había puesto en mi contra, pues los días que quería que pasaran rápidos, no le echaba aceite a las agujas y cada segundo para mí eran como diez. Y viceversa, como aquel día, que cuando solté la que para mí era la tercera bandeja del día, mi compañera Montse estaba ya preparando la comida de empleados.

Un par de turnos de trabajo, varios cafés, un buen plato de pasta y un buen intercambio de mensajes con Mr. Big después, me encontraba de vuelta, a una hora más que decente para ser viernes, listo para quitarme el olor a comida rápida, maquillarme y exponerme a lo que, hasta mucho después no supe, iba a ser un punto de inflexión.

MRB: Estamos terminando de cenar, ¿cómo vas?
J: Terminando.
MRB: Vale, nos vemos en El Templo entonces, ¿no?
J: Supongo.
MRB: ¿Cómo que supones?
J: Que sí, que nos vemos allí.

Nadie mejor que Rocío Dúrcal para acompañarme en aquel momento y ayudarme a aplicarme el iluminador, la laca y revisar todos los puntos necesarios. Maquillaje, un 10. *Look*, un 10. Perfume, accesorios, llaves de casa, dinero, tabaco. Me santigüé antes de salir dos o tres veces y decidí emprender camino, pisando con toda la seguridad que las botas militares me permitían.

Llegué a la puerta de El Templo. Me aseguré de que no había llegado nadie y, entonces, respiré tan fuerte que mi flequillo se movió. Entré corriendo al baño para retocar los brillos causados en la cara por haber venido andando, me hice la foto reglamentaria en el espejo y directo a la barra.

Pedí una cerveza bien fría, esta vez, sin chupito, ya que necesitaba estar alerta y decidí salir a la puerta a fumarme un cigarro mientras esperaba a que llegaran todos. No había terminado de encenderlo cuando giré la cabeza a la izquierda y entonces lo vi. Ahí estaba Mr. Big. Con su camisa color arena, de su diseñador favorito, su tupé perfectamente peinado y una sonrisa de oreja a oreja, que se fue difuminando conforme avanzaba hacia mí.

—Joder, cómo hueles a hogar.

—Josh, por favor, no lo hagas más difícil.

—Vale, me callo. Perdón.

Tan solo me faltaron dos canciones para saber lo que tenía que hacer. Dado que venía con su cuadrilla, cualquier gesto, mirada o movimiento iba a ser inspeccionado y, seguramente, malinterpretado. Había que comportarse igual que siempre. Lucio, su mejor amigo, había venido sin su acompañante y totalmente dispuesto a agarrarse la cogorza de su vida.

—¿Cómo estás, Josh?

—Mejor por delante que por detrás, Lu. Y a tu marido ¿dónde te lo has dejado?

—En casa, hoy me toca a mí. Oye, siento mucho lo vuestro, pero me alegro de que podamos seguir viniendo todos. Qué guay.

—Sí, supongo. Yo os quiero mucho y os tengo mucho cariño.

—Y nosotros a ti, enano.

Era el cumpleaños de Iván, así que si en algún momento me veía muy agobiado, tenía el comodín de agarrarlo de su mano de pianista, levantarla y empezar a vociferar el *Cumpleaños Feliz* con un toque flamenco. Al menos, así Mr. Big y yo dejaríamos de ser centro de miradas durante unos minutos y podríamos mirarnos tan solo entre nosotros.

Iván era ese amigo en el que yo me quería apoyar todo el rato, porque sentía que era el único que me comprendía. Ambos éramos de la generación indie, ambos queríamos ser amigos de nuestros ex (él lo consiguió, pero, claro, pagando un precio alto) y parecía ser el que más me entendía, porque le daba la importancia que, al menos, para mí tenía.

Desde la noche que lo conocí, cuando Mr. Big nos presentó, supe que era al amigo de el que más me iba a acercar, a quien más cosas le iba a contar y al que más iba a querer. Él estuvo en las malas, en las buenas y en todas las necesarias, tanto mías como suyas, como de los dos. Y ahora, por supuesto, también estaba. Siendo totalmente imparcial, aunque yo sentía que barría un poco más para mí porque el entendía por donde estaba pasando yo. Aunque a Mr. Big también lo adoraba. A todo esto, digo yo: ¿dónde estaba Mr. Big?

Salí a fumar, y allí estaba, con la cara hasta el suelo y los ojos enrojecidos. Muy poco dispuesto a unirse a la fiesta, incómodo y con ganas de irse.

—La fiesta está dentro, chico guapo.

—No estoy yo para fiestas.

—Venga, nene, si no lo haces por ti, hazlo por Iván. Él siempre va a muerte en tus fiestas.

—Josh, déjame en paz por favor.

—Vale, pero si necesitas algo, dímelo, por favor.

—Lo que necesito ahora no me lo puedes dar.

—Por favor, no seas malo.

—Vale, tienes razón. Lo siento.

Cuando me terminé el cigarro y me pude recomponer un poco y secarme las lágrimas, me dispuse a entrar de nuevo en El Templo, cuando alguien me cogió del hombro. Me giré y entonces vi el cielo. Mis salvadores: Mario y Luigi. En ese momento, les di tal abrazo que tuve que hacer esfuerzos para que no se me volvieran a salir las lágrimas.

—Maricón, ¿cómo estás? —preguntó Mario.

—Estoy, que ya es algo.

—¿Te acuerdas de Luis?

—¡Cómo no me voy a acordar! ¿Qué tal, Luigi?

Mario y Luigi eran esa pareja de amigos que cualquiera que los viese desde fuera opinarían que son un matrimonio bien consolidado, que son el uno para el otro. Y no pueden ser más diferentes. Un poli toxicómano y un antidrogas; uno, prácticamente británico y el otro, de una aldea de Jaén (aunque se habían conocido en Londres); uno, con rencillas internas sobre no hacerse mayor y el otro, el nivel más alto de exponencia del amor propio, del «no me importa» y del «mi coño lo disfruta». La introvertida y la ultraextrovertida. Pero eran geniales, por separado y juntos.

Entramos y entonces sí necesité chupitos. Tres para ser exactos, y de cierta bebida alemana que los nazis utilizaban para hacer hablar a los presos. El *DJ* entonces empezó a poner lo que en terminología *queer* se denomina «música petarda» y yo decidí lesionarme la espalda en aquel preciso instante y lugar a base de perreo intenso con reguetón antiguo. Mr. Big seguía sin entrar.

—Lo hace por llamar la atención —dijo Lucio.

—No, no tiene necesidad de llamarla. Yo lo entiendo.

—Hombre, si no lo entiendes tú, que has sido su pareja...

—Lucio, *stop*.

Lucio era el *sincericidio* y la inconsciencia hecha persona. Pero no en plan «qué infantil o tonto eres», sino más bien un «qué cuadrados los tienes, cabrón». Hijo de familia acomodada, mantenido la gran mayoría del tiempo por su familia y las tierras que poseían, las cuales sabía que en algún momento heredaría y, al minuto, vendería para no volver a tener una preocupación en la vida (como hasta la fecha). Se había echado una pareja semiformal por la presión social impuesta por todos sus amigos, que durante un momento coincidieron con novio. Su pareja, Jonathan, padre de dos hijos, recién homosexualizado y abierto a conocer los límites y horizontes del mundo LGTB, había encontrado en Lucio algo más que una cita de EL ZORRO.

La situación comenzaba a hacerse desastrosa. Lucio no dejaba de beber. Iván empezó a ponerme malas caras y a preguntarme por gestos dónde estaba su amigo. Mario con Luigi y Luigi con Mario. Mr. Big entraba al baño, salía a fumar y no cruzaba palabra con nadie. Y, entonces, se me encendió una bombilla (maldita la hora).

—Mario, ¿cambiamos de local? —pregunté.

—Vale, pero ¿y esta gente?

—Se van. Y si no se van, es su problema.

—Luis, ¿a ti te apetece?

—Ay, sí, vamos al Ámsterdam —dijo Luigi.

—Pfff... Allí ponen *techno* y *house*. No sé si es lo más apropiado.

—Cualquier cosa con tal de irnos de aquí —sentencié.

La despedida fue un tanto insignificante. Mr. Big no compartía la idea de que yo siguiera de fiesta y él tuviera que llevarse a un ebrio Lucio a su casa, el cual no podía ya mantenerse en pie. Yo me despedí rápido y cogí camino. Mario y Luigi me siguieron. Y, en aquel momento, recibí un mensaje:

«Pásalo bien, me han quedado muchas cosas cl ».

Mario me arrebató el móvil de las manos.

—Maricón, como sigas así, nos vamos y te buscas la vida.

—Mario, déjame contestarle y te prometo que pongo el modo avión.

Para cuando Mario me devolvió el teléfono, Mr. Big ya me había bloqueado, pero continué leyendo:

« aras. La fiesta siempre ha ido primero para ti. Que te vaya bonito».

Y tras eso, tres mensajes más.

«Lucio pregunta que adónde vais».

«Dile a Mario que mire el móvil».

«Bah, paso de ti. Adiós».

EL CONTACTO NO PUEDE RECIBIR MENSAJES NI LLAMADAS.

Una parte de mí respiró tranquila, la otra parte de mí no volvió a estarlo nunca más.

—Mario, dime que llevas algo.

—Pues claro, pero tú ¿de qué?, ¿de cuándo?

—Dame una llave. Luigi, ¿tú quieres?

—No, no, yo no —contestó Luigi, temblándole la voz.

Y, en ese momento, vibró mi móvil.

LLAMADA ENTRANTE: MR. BIG.

—Trae para acá, déjame la llave.
—Josh, no deberías.
—¡Que me des la puta llave!
Y esnifé. Esnifé con ganas, puse el modo avión y empezó todo a importarme una mierda.

Llegando al Ámsterdam, perdí la consciencia en el tiempo.

Y creo que nunca la volví a tener, al menos, como la comprendía hasta entonces.

Cuando llegamos al Ámsterdam, para nuestra sorpresa, estaban pinchando música parecida a la que tu tía pone en Navidad. Y las risas de Luigi al vernos la cara a Mario y a mí, en pleno subidón de droga, escuchando *Bulería*, de David Bisbal, eran para ponerlas de politono.

La noche transcurrió sin mayor percance. A la vuelta a casa, yo solo miraba al cielo y quería llamarlo. Una parte de mí, para decirle lo mala persona que era, y la otra mitad de mí, para rogarle que viniera a abrazarme para dormir. Ninguna de las dos ganó, pues llegué, me desnudé y no alcancé a fumarme el porro completo cuando ya estaba con la boca abierta roncando como un tractor.

3

BLOOD, SWEAT AND TEARS (AND SEX)

Poco recuerdo mantengo de los siguientes días. El mes de julio se desvaneció entre cervezas, botes de limpiador de cuero, llamadas a altas horas de la madrugada, sin respuesta; lágrimas y muchos paquetes de tabaco. Aderezado, claramente, con un puntito de insomnio durante las horas en la que cualquier ser humano duerme; bostezos y celofán en los ojos en las horas que uno trabaja y el toque final: cigarrillos de marihuana que acabaron por dejar de hacer efecto.

Tocaba poner la mira en el futuro, el más cercano en este caso. Y es que una de las mejores cosas que me pasaban en ese momento (por sacar algo en positivo) es que vivía en una ciudad donde existían doce meses al año, pero uno cambia de nombre con el resto de España: enero, febrero, marzo, abril, mayo, junio, julio, feria, septiembre, octubre, noviembre y diciembre.

Así que, sin darme cuenta, me vi invitando a ocho personas a mi casa (dos de las cuales no había visto en mi vida) a pasar seis días de ensueño, para celebrar la feria, en la que había sido nuestra casa y ahora, solamente, era el sitio donde iba a dormir y ducharme.

Entre el trabajo, los colocones y los preparativos llegó mi último día de trabajo, previo a mis vacaciones, justo a tiempo para terminar de ultimar detalles en casa para poder convertirlo al más puro estilo Hostal Royal Manzanares en nuestro centro de operaciones para los próximos seis días. Así que un viernes en casa, dedicándome a la limpieza, mi rutina de limpieza facial, la preparación de doce *outfits* y, de paso, descansar un poco, no me iba a ir nada mal.

Y tras haber terminado de limpiar la casa a fondo, haberme dado una ducha y haber ingerido una grasienta pizza cuatro quesos, supe que era el momento perfecto para descargarme EL ZORRO, una *app* de contactos para chicos gays y bisexuales, y, de una vez por todas, inaugurar el desenfreno que sabía que se venía. Y lo inauguré por todo lo alto.

1,86 m de alto, para ser exactos. Moreno, con bigote poblado y barba de dos días (cosa que descubrí al besarlo, porque me raspó toda la cara). 70 kg de peso, bien distribuidos entre su cuerpo, lo que me hacía parecer más una bombona de butano a su lado. No recuerdo su nombre, ni recuerdo si me lo dijo ni si yo le dije el mío. Tampoco es que me interesara.

Había venido a la ciudad a trabajar en la feria, en un puesto ambulante de comida rápida. Tenía mujer e hijos, eso sí me lo dijo. Y lo utilizó como excusa para no mandarme foto de su cara, aunque sí de su pene. Así que le proporcioné mi dirección. En menos de diez minutos, había llegado y el trato fue el siguiente: para mantener el anonimato, nos veríamos en el *hall* de mi casa, con la luz apagada y las persianas bajadas, y, por supuesto, sin hablar. Él entraría, se sacaría la polla, yo me pondría de rodillas y le haría una mamada hasta que él se corriera. Sin hablar, también se iría.

Era perfecto, no tenía que verlo y así evitar que si me lo cruzaba en los días siguiente, sentirme incómodo. No tenía que darle conversación, pues estaba tan nervioso que era imposible mantener una conversación conmigo que no se basara en monosílabos. Estaba listo cuando sonó el telefonillo. Y, entonces, me pregunté a mí mismo:

—¿Qué haces, Josh? Si tú no quieres esto.

Volvió a sonar el telefonillo, entiendo que por la presión de que no pasara nadie por mi calle que lo pudiera reconocer.

—Bah —me dije—, ya lo has hecho venir. Ahora, apechugas.

El plan se siguió meticulosamente. Entró, yo me puse de rodillas y empecé a chuparle la polla, la cual ya tenía una erección bastante prominente. Eso me hizo pensar en que no tardaría en correrse, porque ya venía cachondo. Nada más lejos de la realidad. Cuando llevaba veinticinco minutos chupando, empezó a agarrarme de la nuca y a empujar su polla dentro de mi garganta. Yo intentaba quitarme, él apretaba más. No podía respirar.

Y entonces pensé: «Venga, Josh, se va a correr ya».

Y solo alcancé, con la boca llena y dificultad para respirar, a articular ciertos sonidos que daban a entender algo así como:

—No... te... corras... dentro...

—Cállate la boca y traga, zorra.

Eso me hizo llenarme de fuerza y tirar la cabeza hacia atrás, con tan mala suerte de que, justo en ese momento, se corrió. Se corrió fuera, concretamente, en mi cara, y yo solo intenté recuperar la respiración y cerrar los ojos para recomponerme.

Escuché la puerta, abrí los ojos y ya no estaba. Se había ido. Y no sé, en ese momento, qué me dio más asco: si tener la cara llena de semen, no tener nada con lo que limpiarme a mano o que el otro decidiera irse con todo el calzoncillo lleno de babas y restos de semen.

Y, entonces, sentí una arcada y me di asco de mí mismo. Y no sé si me sentí más asqueado estando de rodillas, con los ojos llenos de lágrimas en la entrada de mi casa, con todo el suelo lleno de semen y mi cara goteando o *a posteriori*, en la ducha, cuando, por más fuerte que frotaba y me enjabonara, era imposible desprenderme de aquel asqueroso olor. Y muchas imágenes vinieron a mi cabeza. Todas las veces que había hecho aquello mismo a cualquier extraño al que habíamos invitado a nuestra casa, sin pensarlo dos veces, bajo la atenta mirada de Mr. Big. Y de cómo, cuando no le gustaba el chico en cuestión, fingía ganas de vomitar, se encerraba en el cuarto de baño y me cargaba con la responsabilidad de echar al extraño de casa, arriesgándome a que un día nos tocara una persona violenta y que, hasta que no se corriera, no se quisiera ir. Gracias a Dios, nunca nos sucedió.

En ese momento fui consciente de que había hecho algo que no quería hacer, que yo mismo había propuesto y que, en un momento dado, durante el acto, quise parar. Y no pude, porque en fuerza y cuerpo me ganaba el otro individuo. Y que, una vez que se corrió, me dejó allí tirado en el suelo, lleno de semen y lágrimas. Y todo eso me lo había buscado yo.

Vamos, que había consentido que me violaran sin pudor. Decidí que un cigarrillo de marihuana al día iba a ser poco; esa noche, mejor dos.

Tras ducharme y limpiar el suelo de la entrada, borré la *app*. Me senté en el suelo del salón y lloré. Lloré sin consuelo. Me encendí un cigarrillo de marihuana y, a la segunda calada, empecé a sentir gotas de sudor helado cayendo por mi espalda desnuda. Sentí escozor en la nuca y es que el feriante me había clavado las uñas y, al caer sudor encima, empezó a escocer como quien echa limón en una herida. Dejé el cigarrillo en el cenicero, me tumbé en el suelo y me puse a mirar el techo.

Pasados unos minutos, me incorporé como pude, me sujeté a la mesa para ponerme de rodillas y comencé a vomitar. Y vomité con tanta fuerza que acabé vomitando sangre sobre el limpio suelo que había fregado hacía unas horas. Cuando terminé de echar todo lo que tenía dentro, con toda la cara empapada y sudor y lágrimas, decidí mirar al cielo. Junté mis palmas y comencé a rezar. Y, en cuanto sentí la conexión, pedí perdón. Perdón por todo lo que había hecho mal, por todo el daño que pude haber ocasionado y por acabar viéndome así. Que era una puta, que la gente pensaba que era una puta y que me lo tenía merecido.

MENSAJE DE GABRIELA:

«Amor, mañana llegaré entre las 12:00 y las 12:30 a tu casa. ¡Qué ganas de verte ya! Me voy a dormir. Te quiero muchísimo. Hasta mañana».

Alcancé a levantar la cabeza y mirar fijamente al reloj: eran las tres. Me levanté dispuesto a llenar el cubo de la fregona, y fregar todos los restos del suelo del salón. Me abrí una lata de refresco, me encendí lo que me quedaba del cigarrillo y me lo fumé, desnudo, con la luz del salón apagada, para que, de esa manera, entrara la luz de la luna por la ventana a abrazarme y arroparme para poder dormir.

Empecé a pensar en lo que suponían para mí mis amigas. Y es que, durante mucho tiempo, prácticamente toda mi vida, las mujeres que me rodeaban habían sido mi inspiración y mi soporte. Podía pasar más o menos tiempo en vernos, tener más o menos diferencia de opiniones entre nosotros. Pero éramos nosotros.

Gabriela y Rocío cumplían años el mismo día, y nacieron con un año de diferencia. Eran las dos personas más dispares que yo había alcanzado a conocer hasta el momento y entre ellas no podían entenderse mejor. Las conocí en un botellón celebrado por su cumpleaños en plena calle, donde quedé fascinado con la energía y el ambiente que vibraba alrededor de ellas. Gracias a ellas, conocí a Paula y a Esther. Porque así eran ellas, mujeres de las de antes, de las que le venía bien un puro y un cigarrillo mentolado, un reguetón sucio y un *quejío* de la Paquera de Jerez.

Y en el momento en el que nos conocimos, un proyecto de travesti mal hecho, pero con mucha ilusión, y, afortunadamente, un pie pequeño para poder comprarme zapatos en cualquier tienda de barrio (o sea, yo), les encajé en su proyecto de familia amistosa que tenían creado, en el que se encontraba un heteropero, un mariquita tan moderno que no se aguantaba a sí mismo, un musulmán racista, un chupóptero hecho hombre al que pillaron masturbándose en el baño femenino de una discoteca y demás personajes variopintos. Como podéis observar, yo era de los normales.

4

OHANA

La alarma sonó a las 08:57. El sol y el calor de agosto entraban por la ventana de mi dormitorio y, de repente, noté cómo la ducha me llamaba de nuevo. Y yo tenía que responder a esa llamada, porque necesitaba espabilarme y pintarme una sonrisa de nuevo en la cara para que nadie notara lo que había pasado la noche anterior.

Gabriela me había enviado un mensaje a las 08:00 diciéndome que estaba lista y preparada para meterse en la carretera. Así que me preparé un buen tanque de café, me encendí un par de cigarros, puse música a todo el volumen que permitía mi televisor y acudí a mi cita con la ducha. Y, entonces, sentí paz por primera vez en el mes, hasta el momento.

Decidí poner como banda sonora del día un recopilatorio de sevillanas y canciones flamencas tradicionales, pues, a fin de cuentas, estábamos en feria. Repasé la limpieza del baño, todos los *outfits* preparados el día de antes y, cuando consideré que todo estaba correcto, me vestí para bajar a recoger a Gabriela.

Sin darme apenas cuenta el reloj ya marcaba las 12:00 y en mi proceso personal de convertirme en un feriante de postal, solo me faltaba pasar por el túnel de chapa y pintura. Y entonces mis sevillanas se vieron interrumpidas por una llamada telefónica, la cual, sin mirar la pantalla del móvil, ya sabía quién estaba al otro lado.

LLAMADA DE GABRIELA:

—Buenos días, mi amor.

—Hola, cielo. ¿Cómo vas?

—Pasando una rotonda con una escultura de un tomate gigante. Eso es que estoy cerca, ¿no?

—¡No me digas!

—Sí, ¿estoy cerca?

—Al lado, corazón.

—Y a ti ¿cuánto te falta?

—Maquillándome estoy, pero, vamos, me termino las cejas y en diez minutos estoy abajo.

—Genial, aparco, subo y dejo las maletas, y nos vamos por ahí.

Realmente estaba feliz y nervioso, ansioso y con todo el cuerpo revuelto. Era el primer encuentro de seis y llevábamos diez años sin estar todos juntos en el mismo sitio. Y entonces la vi aparecer con su minivestido de cuadros *vichy* amarillo y sus trenzas, cual Dorothy buscando el camino de las baldosas amarillas. No sé cuánto duró el abrazo; para mí, medio segundo; para el espectador, seguro que más de una hora.

En un abrir y cerrar de ojos, teníamos una cerveza en la mano y estábamos bailando canciones de Siempre Así, versionadas por una orquesta, con un guitarra y un vocalista muy guapos en la Caseta Central de la feria de día. La mujer del guitarra subió a hacer los coros, mirándonos con cara de asco. ¡Cómo lo disfrutamos!

Tras haber ingerido grandes cantidades de rebujito, cerveza, jamón y montaditos de lomo, y conseguir darle la vuelta a la *playlist* del ambigú de la Caseta Central, marcaron las 17:00 en el reloj y tocaba meterse en algún local.

—Es la hora del digestivo, ¿no?

—Eso parece.

—¿Dónde vamos?

—¿Tú qué crees?

Efectivamente, íbamos al Templo.

Emprendimos camino y no habíamos llegado aún a la puerta, que Gabriela ya poseía la mirada de todo aquel que estuviera allí. Los gays empezaron a alabar su estilo, su pelo negro azabache, sus ojazos grandes y castaños, y su piel tostada. Gabriela, la musa, abrió las puertas del Templo y comenzó a sonar *Yo quiero bailar*.

Inauguramos la pista de baile como se merecía, con aquella coreografía de manos de Eurocanción 2000. Y a aquella canción le siguieron otras cuantas de la década, otras menos antiguas, lo mejor y lo más horrible de los 90, 2000 y 2010. Mil fotos y unos cuantos brindis después, decidimos salir a tomar el aire y fumar un cigarro.

El alcohol no cesaba y mi sonrisa cada vez era más grande. Paula y Miguel ya venían de camino en coche desde Córdoba, Rocío estaba a punto de embarcar en el avión y nosotros decidimos que debíamos bajar el ritmo de beber o no llegaríamos a la noche. De haber seguido bebiendo a ese ritmo, a las 00:00 estaríamos durmiendo.

Alrededor de las 19:00, decidimos coger camino de casa para cambiarnos de ropa y recibir al resto de la cuadrilla. La música no podía cesar y, en un sano ejercicio de lógica, decidimos servirnos una copa esperando a que a las 20:00 sonara el telefonillo. Ya habían llegado. Cuando subieron, nos fundimos en un abrazo común, que no voy a olvidar en la vida. Mi sonrisa no cabía en mi cara.

Paula nos presentó a Miguel, quien, lejos de cortarse un pelo, decidió unirse al enemigo. Rocío venía lista para romper cuellos, con sus labios rojo pasión, su moño bien apretado y *enlacado*, y sus gafas de sol estilo Martirio. Si la felicidad se pudiera dibujar, hubiera hecho un retrato de aquella imagen, porque nada en ese momento podía definirla mejor.

El botellón precena no duró mucho, porque, puestos a romper tradiciones, decidimos reservar mesa para cenar en el mejor restaurante mexicano de la ciudad, y hacia allí nos dirigimos, con la promesa de no olvidar aquella noche si los margaritas y el tequila nos lo permitían.

No sé cuántas rondas de tequila se pidieron y cuántas veces nos avisaron de que la cocina estaba a punto de cerrar para que no se nos olvidara que el motivo real de acudir a aquel restaurante era cenar. Nos hicimos fotos grupales, brindamos por todos nosotros, por cada uno de nosotros y cuando ya habíamos entrado en calor, tocó hacer la última visita a El Templo.

Marcamos una lista bastante larga de misiones entre las que se encontraban: bautizar a Miguel en un *pub* de ambiente, bailar hasta que a alguno de los presentes se le rompiera un zapato, al menos, jugar a *¿Conoces a mi amigo Josh?* y salvar a Rocío del ataque de las lesbianas, entre otras.

Todas ellas se llevaron a cabo bastante rápido y con éxito. Yo conocí a Jesús, un chico muy interesante y bastante atractivo con el que me tomé un par de chupitos y conversé bastante durante la noche. A Miguel lo bautizamos a base de cierta bebida alemana que usaban los nazis, como ya mencioné antes, y justo en el último buche de ron cola, a Gabriela le cedió una de las manoletinas negras de raso que llevaba puestas.

Lo satisfactoriamente inesperado fue que aquella noche no hubo necesidad por mi parte de añadir condimentos a ningún tipo de bebida, la felicidad se convirtió en mi droga aquella noche. Las 5:00 se convirtieron en un número perfecto para emprender camino a casa tomando el día como una absoluta victoria. Jesús insistió en acompañarnos y Rocío y Gabriela en continuar la fiesta en cualquier garito que siguiera abierto. Pese a ir coja de un zapato, a la chica no había quien la parara. Y qué feliz era de verlas tan cómodas y felices en mi ciudad.

Solo quedábamos Paula, Miguel, Jesús y yo. Aquello parecía cada vez más un videoclip de Mecano. Y así, mecanizados, abrimos la puerta de casa, nos tomamos la última cerveza y fuimos desapareciendo uno a uno, cada uno a su habitación a dormir por parejas. Y ninguno de los cuatro dormimos de noche, pues empezamos a clarear entre orgasmos.

Tras acabar, decidí irme un rato al salón a tomar el aire, mientras Jesús descansaba y así, de paso, fumarme un cigarrillo de marihuana para terminar el día por todo lo alto y asegurarme el descanso. Me aseguré que Rocío y Gabriela estaban bien, y que ya volvían a casa. Me lie el cigarrillo y, al ir a encenderlo, sucedió. El motor de un coche bajo mi ventana me resultó tan familiar que no pude evitar asomarme, sin caer en la cuenta de que estaba desnudo. Solo alcancé a ver cómo bajaba la ventanilla del copiloto y entonces lo oí decir:

—Te amo, no me cuentes lo que sueñas.

Acto seguido, aceleró y desapareció entre el primer clareo de la mañana del domingo, y una lágrima recorrió mi rostro. Acabarme el cigarrillo fue cuestión de dos caladas, me tumbé en el sofá, me lie entre una sábana finita en el sofá, me puse a mirar el techo y no alcancé a contar un solo minuto cuando se me cerraron los ojos y me dormí. No podía verme a mí mismo en ese momento, pero sé que era tan grande la sonrisa que decoraba mi cara que no sé si me dormí del colocón o de la felicidad y la paz que sentí en aquel momento.

No alcancé a ver la hora a la que llegaron Rocío y Gabriela, ni las oí intentando bajar una persiana llena de vasos semivacíos de cubatas. Ni el grito de Rocío al percatarse de que un vaso de ginebra (bebida espirituosa a la cual es alérgica y le da reacción) con limón procedió a chocarse contra su cara, empapando toda la cama y haciendo que se levantara corriendo a meterse en la ducha para intentar no levantarse al día siguiente llena de sarpullido por todo el cuerpo debido a la alergia. Ni las escandalosas risas de Gabriela, rápidamente transformadas en ronquidos. La feria había empezado, de eso no había duda.

5

CÓMO HACER ALIOLI

Y QUE NO SE CORTE

La semana de feria fue una auténtica revolución. Para el segundo día todos nos conocían y aún quedaban otras dos por llegar: María y Esther. Pero la suma de ingredientes, entre los que no pudieron faltar el desenfreno, las lágrimas de alegría, de tristeza y los brindis, me prepararon para lo que ninguno queríamos que pasara y que sabíamos que acabaría pasando. Y así fue.

Decidimos bajar a la Caseta Central, esta vez solo para comer y echar algo de combustible al cuerpo, decididos a irnos a echar una siesta reparadora para terminar de recuperar fuerzas de la noche anterior para la noche siguiente. Rondaban las 19:00 de la tarde ya, cuando, tras aquella siesta, la casa despertaba con la llegada de las dos últimas tripulantes, la rubia y la morena: María y Esther.

Una auténtica revolución de alegría se creó alrededor de la bienvenida, compartimos todo tipo de anécdotas de la noche anterior, nos contaron qué tal había ido el viaje y, tras otra horita de descanso y ponernos al día, comenzamos la sesión *makeover*. Decidimos no irnos a cenar muy lejos de casa, para de esa manera empezar algo más tranquilos que la noche anterior y, *a posteriori*, dirigirnos al Recinto Ferial por primera vez desde el comienzo de la feria.

Habiendo probado todas y cada una de las tapas de la carta, y casi habiendo terminado con las reservas de cerveza y tinto de verano del bar, procedimos a llamar a dos taxis para poner rumbo a nuestro destino: las lucecitas de feria. Efectivamente, no habían pasado veinte minutos cuando aparcaba el último coche, donde iban Miguel, Paula y María.

Las luces, el algodón de azúcar, el sonido de las atracciones y los alaridos por el micrófono del señor que vendía turrón nos indicaron que habíamos llegado al sitio correcto. Miré de izquierda a derecha y todo lo que me rodeaba era familia. ¿Qué más podía pedir?

«La respuesta del karma», me contesté.

No iban a durar mucho las sonrisas, solo que en aquel momento aún no lo sabíamos. Con todo el orgullo, comencé a enseñarles calle por calle el gran Recinto Ferial. Y entre todas las casetas, decidimos una con una buena oferta de captación para tomarnos el primer par de copas. Cuando nos dimos cuenta de que el ambiente comenzaba a llenarse de extranjeros y la música se iba pareciendo más a una verbena de nochevieja, decidimos poner rumbo a la segunda caseta: la caseta LGTBI.

Aquella noche había *show* de *Drag Queens* presentado por Davinia, quien nos recibió a ritmo de las Pussycat Dolls cantando *I will survive*. ¿Qué más podíamos pedir? Pues mira, yo, de saberlo, hubiera pedido tranquilidad, porque tras empezar el segundo pase del espectáculo, la cortina de entrada a la caseta se abrió y fue entonces cuando percibí un olor bastante familiar. Para mí, era un olor bueno, aunque no tan bueno parecía ser para mi cuadrilla, quienes fueron palideciendo uno a uno.

Efectivamente, Mr. Big había hecho acto de presencia en la caseta. Davinia estaba cantando en el escenario y cuando, desde lejos, vio la escena, sin dudarlo. se cruzó media caseta de un salto para plantarse frente a mí.

—Cari, ¿estás bien?

—Sí.

—¿Seguro?

—Nena, que sí, tírale.

Yo estuve toda la noche intentando evitar cruzar la mirada con él, mis amigas esperaban el momento idóneo para saludarlo, pues lo primero que yo entendía y comprendía era que el daño me lo había hecho a mí, no a ellas. Y que, de hecho, me parecería una falta de respeto que no las saludara, después de todo. Pero no, no saludó a todas. A Paula no se atrevía a mirarla a la cara. Decidí ir al baño cuando me encontré a Óscar.

—Nene, dame una llave.

—Josh, ¿estás seguro?

—¡Que me des una puta llave!

Me metí dos. Una por cada lágrima que había brotado de mis ojos al verlo. Cuando salí del baño, me puse a bailar, notando su fría mirada en mi, aún arañada, nuca. Yo no quería darle el gusto de cruzar la mirada con él y eso a él lo enfadaba más. Lo tomaba como provocación y no estaba en lo equivocado.

Fue tanto el nivel de provocación por mi parte, que cada vez se acercaba más hacia donde estábamos. Se me quedaba mirando fijamente, podía sentir su mirada en mi nuca. Si yo no le hacía caso (que no se lo hacía), miraba a Paula. Y así, jugando un partido individual de ping pong, estuvo durante unas horas, hasta que la fuerza del alcohol, supongo, le dio las agallas necesarias para acercarse a mí.

—¡Cerdo! —me gritó en la oreja.

María y Paula, que no pasaban ni una, fueron corriendo tras él.

—¡Eh! ¿Qué pasa contigo?

—Paula, que no, que no para de provo...

—¡Ah! Que te sabes mi nombre.

—Perdón, tienes razón. Hola —le dijo, con cara de arrepentimiento.

—Mira, yo no te he hecho nada. Lo que tengáis entre vosotros es cosa vuestra, pero no puedes pasar por mi lado y no saludarme, y sí saludar al resto de gente, como si no me conocieras o como si yo fuera una apestada.

—Tienes razón, lo siento.

—Y de las palabritas y los insultos ni voy a hablar.

—Yo no he insultado a nadie.

—¡Lo acabas de llamar cerdo! —le contestó de un grito María, quien, hasta ahora, había sido espectadora de la conversación, pero no quería intervenir porque conocía sus instintos de violencia y no tenía ganas de ser expulsada de una caseta en su primera noche en la feria.

—Mira, no os acerquéis, tenéis una edad ya. Y si no sabéis estar en el mismo sitio, no vengas a buscarlo tampoco.

En aquel momento decidí que ya había sido suficiente espectáculo, que la mitad de la caseta estaba mirándolos y la otra mitad, a mí, empujándome a intervenir.

—Chicas, vámonos, no merece la pena. Y a ti, que te vaya bonito.

Tres chupitos y dos llaves, efectivamente, había desaparecido. Aquella partida la había ganado, así que tocaba celebrarlo. Un amanecer por cada cosa que celebrar.

Paula y Miguel se prometieron, con todos nosotros como testigos, amor eterno. Un amanecer. Nadie quería salir conmigo a la noche siguiente. Salí solo. Soy un hombre independiente. Otro amanecer. Gabriela fue la primera en abandonar la casa, no por querer, sino por cumplir obligaciones. Celebramos su despedida con otro amanecer. A la noche siguiente, Miguel tenía que irse. No podemos dejar que Paula se hunda, hay que animarla. Otro amanecer. Rocío y Esther se van en el primer vuelo de la mañana. Hasta que no salga el vuelo, celebrando.

Y así, sin darnos cuenta (aunque nuestros hígados sí), llegamos a la última noche donde quedamos solo tres: María, Paula y yo. Estaba claro que nada ni nadie nos iba a amargar aquello, pues tocaba celebrar que habíamos sobrevivido, que aquella partida la habíamos ganado con ventaja y, sobre todo, que no íbamos a olvidar aquella feria en nuestra vida, pues había sido el comienzo de tantas cosas que era imposible. El último amanecer.

No podéis imaginar el silencio que se respiraba en mi casa después de que las dos últimas cadetes abandonaran el campamento de instrucción. Me dispuse a darme una ducha, después de mi primer turno de trabajo tras varios días, cené un yogur y me metí en la cama. Sin ropa, sin porro y sin ganas de oír nada ni a nadie. Justo estaba quedándome dormido cuando caí en la cuenta de que no había silenciado el móvil y, entonces, sonó.

MENSAJE DE MR. BIG:

«Hola, no quería molestarte. Solo decirte que te amo mucho y que te echo de menos. Nunca me olvides, por favor. Te ama, tus ojos bonitos».

¡Mierda! ¡Era su cumpleaños ya! Y yo no había sido el primero en felicitarlo. Una tristeza tan enorme me invadió, que decidí que la mejor idea para poder descansar aquella noche era fumarme un porro. Y, tras la segunda calada, me pregunté: —¿Por qué he de sentirme yo culpable si él no está presente en mis peores, que son ahora? Dudo que esté celebrando las primeras horas de su treintena en la cama llorando.

Y una curiosidad eléctrica recorrió todo mi cuerpo y sucumbí. Sí, amigos. Me descargué EL ZORRO, con la única intención de encontrarlo y deseando no hacerlo. Nada más abrir la pantalla de inicio, a menos de un km de distancia, ahí estaba él: Mr. Big, con un icono de tarta de cumpleaños como nombre de perfil. Obviamente, lo bloqueé, posterior a haberle hecho mil capturas de pantalla y habérselo enviado a todas mis amigas, quienes me obligaron a borrarme la *app*.

Yo decidí ponerme un temporizador de treinta minutos y escribirle a todos los perfiles interesantes en un radio de 500 m. XLHUNTER contestó. Me escribió para pedirme que me lo follara a cuatro patas en tres idiomas diferentes, lo cual me pareció un talento, así que accedí. Le di mi ubicación y en menos de cinco minutos estaba tocando la puerta, y en diez lo tenía puesto a cuatro patas, gimiendo y pidiéndome rabo. Yo fui incapaz de correrme, tuve que fingir un orgasmo y darme cuenta de que soy un pésimo actor. Pero no podía quitarme su voz de la cabeza, con la canción de Cumpleaños Feliz de fondo:

«¡Cerdo! ¡Cerdo! ¡Cerdo! Te deseamos todos... ¡cerdo!».

El orgasmo de XLHUNTER me sacó de aquella fantasía burtoniana en mi cabeza, le facilité dos o tres toallitas, recogí el condón e invité a que se marchara. Y, entonces, cerré los ojos, tumbado en la cama, deseando, por primera vez en la vida, no volver a abrirlos.

—*Es que no te das cuenta.*

—*¿De qué?*

—*De que estás dejando en mis manos el destino de esto, que se supone que es de los dos.*

—*Si yo ya tengo claro que quiero intentarlo contigo. Ya te lo he dicho.*

—*¿Y ponerme en esta situación, mínimo, una vez a la semana?*

—*Y cuándo estamos bien, ¿eso no lo cuentas? ¿Y cuando la cagas tú? Eso sí que no lo cuentas.*

—*Yo no juego con la estabilidad de la relación, ni con tu confianza. Para mí, vas por delante de todo; yo para ti estoy en un segundo plano.*

—*Demuestra eso que has dicho ahora mismo.*

—*Ehm... Anoche me dejaste solo en la puerta de una discoteca y tuve que entrar por la ventana a casa.*

—*Ya...*

—*No contento con ello, te quedaste de fiesta absolutamente solo toda la noche, sabiendo que estaba sin llaves y podía haber dormido en la calle de ser por ti. Mira, tío, lo siento, pero sé que si te doy otra oportunidad lo vas a hacer bien dos días, al tercero, te va a dar igual y vas a volver aquí, pensando que se va a arreglar como siempre. Ahora te toca conocer la otra cara de la moneda, la consecuencia. Me haces malgastar el tiempo y la saliva. Está claro que tú quieres ir de flor en flor ahora mismo, y yo no.*

—*Josh, yo te amo.*

—*Tú no me amas. Así que ya está decidido.*

—*¿De verdad?*

—*Lo siento, pero sí.*

—*¿Puedo quedarme aquí esta noche? No quiero llegar a casa a esta hora ni preocupar a mi madre.*

—*Claro que sí. Esta siempre será tu casa.*

—*Te amo tanto.*

—*No me amas. Cuando se ama a alguien, no se trata así a esa persona.*

Un rayo de sol penetró por la persiana directamente hacia mis ojos. No, no quería abrirlos. Dolía revivir aquella última conversación en sueños, pero dolía más no verlo ni saber de él. Y de eso hacía ya una semana. Intenté poner mi cabeza en orden.

«¿Dónde estoy? Vale, en casa».

«¿Qué día es? Domingo».

«¿Quién está roncando en mi espalda? Jesús».

«¿Qué hace Jesús aquí? Vale. Ayer salimos y nos metimos dos gramos de cristal. Eso me recuerda que yo estoy enfadado con Jesús, porque anoche, en pleno colocón, empezó a contarle toda mi vida a cualquier persona que se cruzaba, la conociera o no».

Pero como llevaba un ciego horrible y me pude asegurar que llevaba encima lo necesario para irse a trabajar directamente desde mi casa, no lo dejé que cogiera el coche. No quería cargar con eso en la cabeza también.

—Jesús, despierta.

—¿Qué hora es?

—Las once. Tienes que irte a trabajar.

—Josh, de verdad, perd...

—Jesús, dúchate, hazte un café y vete sin hacer ruido.

Me di la vuelta en la cama con la esperanza de volver a dormirme para poder verlo una vez más. No ocurrió. Cerré los ojos y, entonces, se hizo el silencio de una forma repentina. El abrir y cerrar de la puerta de entrada de casa me hizo dar un repullo en la cama. Miré el reloj de nuevo, eran las 11:45 y Jesús se había ido.

«Claro», pensé, «como no tiene que lavarse el pelo porque es calvo ».

Me incorporé en la cama y tuve que frotarme varias veces los ojos para asegurarme de que aquello no era un sueño, sino que era la pura realidad.

MENSAJE DE MR. BIG:

«Buenos días, pequeño. Si ya de por sí te echo de menos normalmente, hoy, que es el bautizo de mi sobrina, imagínate. Sin ti, nada es igual y carece absolutamente de ilusión. Espero que estés bien, que cada día estés mejor. Se que saliste ayer, así que espero que no tengas mucha resaca. Te quiere, tus ojos bonitos».

No lo dudé ni un segundo. Era ahora o nunca. Marqué el número en un solo movimiento, ya que me sé su número de teléfono de memoria. Dio el primer tono de llamada. El cuarto iba a enlazar con el buzón de voz. Dos tonos, y a mí me temblaban las rodillas. Al tercer tono, perdí la esperanza.

—Voy a colgar —me dije en voz alta.

Retiré el teléfono de mi oreja y, entonces, el auricular sonó:

—¿Gordo?

—Hola.

—Hola, vida.

—¿Puedes venir a por mí?

—En cuanto acabe la comida, que estamos celebrando el bautizo y vamos ya para el restaurante.

—Vale, ¿a qué hora calculas?

—No sé, después del café y la copa. ¿Te parece si te voy avisando sobre las seis y te digo cómo vamos?

—Hecho.

—Vale, ¿estás bien?

—Creo que sí. Ahora que te oigo, un poquito mejor.

—Vale, eso me alegra.

—Pues entonces, nos vemos luego.

—Vale.

—Y, por favor, dale un beso a la renacuaja de mi parte.

—Eso está más que hecho. Te quiero mucho, nene.

—Adiós, un beso.

Colgué. Los «te quiero» se seguían sintiendo puñala-
das, pero necesitaba verlo. Había llegado septiembre en un abrir y cerrar de ojos y lo que no sabía era que, desde aquel momento, iba a desear tanto que el tiempo pasara igual de rápido que estos meses atrás, que se iba a volver contra mí. Y entonces el tiempo empezaría a pasar lento, tan lento que iba a ser capaz de contar cada segundo de vida.

Decidí que no tenía hambre, pero sí sueño, y puesto que, mínimo hasta dentro de cinco horas, no tenía que meterme en la ducha para arreglarme, decidí volver a acostarme, cerrar los ojos, ponerme mi antifaz y tomar aire profunda-
mente. El pasado comenzaba a hacerse conmigo, había algo que me indicaba que había una historia que continuar.

Y entonces, así, sin más, caí redondo.

6

LOS CIMIENTOS. PARTE I:

PARA VOLVER A VOLVER

El mes de abril de 2018 había supuesto una auténtica brecha en mi vida. Llevaba meses viviendo lo que se suponía que era lo que iba a vivir el resto de mis días. Una historia de lo más convencional y heteronormativa con Salvi, un chico de tan solo un año más que yo, que estaba terminando su máster en diseño de interiores. Yo cada vez crecía más en mi empresa y cada vez me alejaba más y más de mi familia de sangre. Y me metía más en la suya. A fin de cuentas, forjar la relación con Salvador me había costado tanto, que ahora que lo había conseguido, nada ni nadie iba a hacerme temblar el pulso. O eso creía yo.

Con su madre, en cambio, siempre fue más fácil. Charo me cogió cariño desde el primer momento y, a las pocas semanas, ya hablaba de mí como su yerno favorito. Su hermana era de las mejores personas que había conocido en mi vida y junto a él, formábamos un trío muy divertido que no encontraban tiempo en su agenda para aburrirse. Un auténtico trío calavera. Vivían en un maravilloso *chalet* de tres plantas con piscina, completamente diseñado y construido por Salvador, quien poseía una empresa de construcción. Junto a su mujer, estaban dando todo en la vida para que a sus hijos no les faltara de nada cuando ellos ya no estuvieran. Y eso, indirectamente, me incluía a mí.

Salvi siempre me lo había puesto muy fácil, pues yo era su primera relación con un chico públicamente. Salió del armario con sus padres y ellos, encantados, me acogieron como a uno más de la familia. Salvador puso por delante el amor hacia su hijo a cualquier resto de pensamiento retrógrado que pudiera mantener por cómo había sido educado y se puso manos a la obra en quererme. Y yo en quererlo. Y nos quisimos, mucho. Todos.

Pero, como siempre, cuando tenía un pájaro en la jaula, dejaba de prestarle atención y buscaba a otro que pudiera tener el plumaje más bonito o el canto más alto. Y ponerme las cosas fáciles era lo peor que podía hacer una pareja conmigo. Si tuve agallas para dejar el puesto de encargado en El Dorado, bar de referencia *queer* en la ciudad y puesto soñado por cualquier hostelero que perteneciera al colectivo, y seguir adelante significaba que podía con todo.

Jugar a la Barbie teleoperadora que te convence de que asegures el futuro de los tuyos durante tus primeros días en el otro barrio se convirtió en mi entretenimiento remunerado. Y fue allí donde comenzó y se forjó el principio del fin. Allí conocí a Rosa, una mujer negra que venía de Sevilla. Fuerte, empoderada, madre, luchadora e independiente podrían ser el comienzo de una infinidad de adjetivos con los que definirla. Pese a tener una consolidada carrera como comercial y vendedora en el sector de los seguros y la telefonía, necesitaba un trabajo que, en este caso, le brindara algo más de tiempo de calidad para aprovechar la oportunidad de compartir el crecimiento de su hijo, al que había criado con la única ayuda de su madre y sus amigos, que ya eran como familia.

Treinta minutos de conversación con aquella leona de ojos aceituna bastaron para saber que necesitaba incluirla en la lista de personas que iban a acompañarme en mi vida.

—Nene, vales mucho para este puesto.

—¿Tú crees, nena?

—Ya te digo yo a ti que sí —dijo con un marcado acento sevillano—. Estoy harta de ver gente que se toma estos trabajos como un puente donde esperar al siguiente trabajo. Pero tú, con todas tus aptitudes y un poco de esfuerzo, te puedes comer el mundo, maricón.

Sin darnos cuenta, allí forjamos una relación que iba a cambiar el destino de ambos para siempre. Se convirtió en mi diario, mi consejera, mi compañera de cervezas y, sin saberlo, en mi celestina. A la semana de estar trabajando juntos, un día después de haber vendido dos seguros, me invitó a su casa. Quería que su hermano me conociera, así que allí me dirigí con tres botellas de cerveza y una sonrisa de oreja a oreja, dispuesto a desconectar de todo. Y, entonces, conocí a Pablo.

Pablo era el hermano de Rosa y el contrapunto y polo opuesto de lo que era Salvi para mí. Pablo era la voz del pueblo, un antisistema infiltrado en la sociedad. Camarero, intolerante a la intolerancia, abanderado del feminismo y los derechos LGTB y un gran maestro en cuanto a de lo que iba la vida. Y yo, en aquel punto de mi vida, ansiaba vivir y aprender a hacerlo.

Antes de comenzar mi aventura, tenía que ser justo con quien me había acompañado hasta aquel punto. Llamé por teléfono a Salvi y le pedí que me abriera las puertas de su casa por última vez para tener una conversación. Sí, la conversación del «no eres tú, soy yo» y «no te puedo dar lo que me pides ahora mismo». Fue bastante corta y, tras fundirnos en un abrazo que no duró mucho, y sin tener cojones de despedirme de sus padres y hermana, pese a lo bien que se habían portado conmigo, me dirigí a la salida.

No dudé ni medio segundo en cuál tenía que ser mi siguiente parada: el balcón de Pablo. Tardé menos de cinco minutos en llegar, le pedí que bajara, le conté lo que había sucedido y, entonces, lo besé tan intensamente que casi pierdo la consciencia. Acto seguido, le deseé una buena noche y lindos sueños, y me fui a mi casa, aún colocado de ilusión. Comenzamos un *affaire* que no duró mucho y es que yo me di cuenta de dos cosas: que Pablo no quería atarse a nadie y menos a mí, y que yo no quería a Pablo, sino libertad. Y él fue la llave que me abrió la puerta.

Pero, claro, era verano, yo estaba soltero y libre, moreno, luciendo más *sexy* que nunca, y la lista de hombres que pasaron por mi vida comenzó a hacerse interminable. Pero el otoño llegó y con él, un cambio de armario. Y con el cambio de armario, mi castigo en forma de pareja me estaba esperando una noche de viernes en la puerta del Templo. No quise saber su nombre, para no tener que añadirlo a la interminable lista de miembros de la cabalgata de los últimos meses. Pero él sí quiso saber quién era yo y ojos que no ven, amigo del chico que te lo cuenta. Mi amigo Pelayo le dio mi contacto.

Era de un pueblo a una hora de distancia de la capital y el hecho de que recorriera esa distancia tres veces en una semana para venir a verme a mí me pareció lo más romántico que habían hecho por mí en mi vida. Dos cafés bastaron para besarnos y cogernos de la mano por la calle. Tenía que huir de lo que la vida tenía preparado para mí. Cuarenta y ocho horas tardé en sacar unos billetes de avión sin retorno a Reino Unido.

Todo un verano trabajando y ahorrando dinero, y una ciudad que llevaba viendo en televisión toda la vida gracias a la serie Skins, Bristol, fue mi plan para esconderme, al menos, hasta que J. se olvidara de mí.

—Te voy a esperar —prometió J.

—No tienes por qué —insistí yo.

—Cuando vuelvas, aquí estaré.

Y, sin darme cuenta, mi reloj estaba adelantando solo una hora automáticamente, el sol se escondió y yo desembarqué en un gris y frío Bristol, con dos maletas y mucha esperanza y ganas.

7

LOS CIMIENTOS. PARTE II:

GOD SAVE ME, NOT THE QUEEN

El reloj marcaba las 8:00, hora local. Pasé la aduana para ciudadanos europeos sorprendentemente rápido. Me reconfortaba saber que en Reino Unido no era una amenaza gubernamental. Me aseguré de llevar conmigo toda la documentación y repasé mi itinerario hasta la zona 1 de Bristol, donde había reservado una habitación para compartir con otros cinco chicos. Vamos, que a mi nombre tenía una parte de una litera.

Mi suerte estaba a punto de cambiar, pues el *check-in* vino acompañado de la llave de la habitación, un candado para guardar mis pertenencias y una invitación a una fiesta para españoles en el local de al lado. El Mucho Gusto. No tuve que plantearme si acudir, pues necesitaba amigos y gente que pasara por lo que yo estaba pasando. No tardé nada en instalarme, darme una ducha y salir a la calle a buscar trabajo. Misión cumplida tan solo treinta minutos después de ponerme a ello.

Un almacén de una empresa de paquetería iba a ser mi nuevo empleo. Literalmente, estaba jugando a Los Sims sin códigos de apoyo. Tras comer y tomar un rico y típico té, Earl Grey, me propuse no perder mis raíces y costumbres españolas, disponiéndome a echar una larga y reconfortante siesta que unió la tarde con la noche y, para cuando desperté, tocaba comenzar el *makeover*.

Cené algo rápido, me duché, me puse mi mejor camisa de animal *print* (tendencia extrema en aquel momento, al menos, en España) y en un abrir y cerrar de ojos estaba conociendo lo más típico de Bristol: su noche. Llegué al Mucho Gusto con tiempo de sobra para coger sitio junto a un gancho para dejar el abrigo y pedirme mi primera pinta de Fosters. Y en aquella barra se forjó mi futuro en Bristol en cuestión de una hora. Conocí a Guille, quien iba a ser mi compañero de piso y casero desde aquel preciso momento. Contrato el cual firmamos con un brindis de cerveza. También conocí el éxtasis por primera vez en mi vida, en forma de pastilla redonda y de un amarillo intenso, con una sonrisa dibujada, que indicaba que nada podía salir mal.

Gracias a Dios, la falta de sol permitía que en Reino Unido no existiera la resaca. A las ocho de la mañana del día siguiente estaba dirigiéndome a firmar mi contrato de cero horas, con un número de Seguridad Social aleatorio temporal. Mi primer contrato basura. Qué ilusión, joder.

Patricia fue la encargada de Recursos Humanos en atenderme. Una mujer de dos metros de altura con un flequillo negro, recto y unos enormes ojos azul cielo, que desvelaban, junto a su acento, su procedencia centroeuropea. Quedó fascinada con mi fluidez expresándome en inglés y me facilitó su «boli de la suerte» para firmar mi contrato. Tras recoger el uniforme y el manual de bienvenida de la empresa. Decidí celebrar mi incursión en el mundo laboral británico tomándome un café y fumándome un cigarro tumbado en un césped al ¿sol? No, no había sol.

Llamé por teléfono a mi familia, a J. y a mis amigos para darle las buenas nuevas. También a Guille, para acordar una hora en la que me recogería más tarde para ayudarme con las maletas y el transporte hacia mi nueva casa, aún desconocida para mí. Pero, ¿qué podía perder?

Tan emocionado me encontraba que se me cerró el estómago y se me olvidó comer, y llegó la hora de montarme en la furgoneta de Guille, destino zona 13. Tenía solo quince minutos de camino en autobús desde mi nueva casa al trabajo, situada en un precioso bosque verde, lleno de cuervos y señoras que sacaban tartas a la ventana a enfriar.

En cuanto a Bristol, resultó ser una ciudad de lo más interesante, llena de mezclas, colores, olores, culturas y españoles. Aunque mi aventura sería más corta que la del resto de mis compañeros. El comienzo de 2019 vino acompañado de horas y horas de videollamadas con J. Cuando no estaba durmiendo o trabajando, estaba pegado a la pantalla hablando con él.

Me aislé del mundo de tal manera que acabé entrando en su narrativa, y es que me convencí de que tenía que volver a España antes de que él conociera a otro y me olvidara. Justo lo que quería cuando lo conocí. Y es que, amigos, así funciona la manipulación y la dependencia emocional cuando la ingieres con miedo a la soledad.

En marzo, Guille me regaló por mi cumpleaños un billete destino España sin retorno. Sus padres, auténticos propietarios de aquella casa, iban a volver a Bristol. Por lo tanto, mi habitación no iba a estar disponible durante mucho más tiempo. Rápidamente, me puse en contacto con Patricia para informarle de lo sucedido, quien, entre lágrimas, llegó a ofrecerme su casa para alojarme mientras encontraba algo mejor. Pero la decisión estaba más que tomada.

El 14 de abril me despedí de aquel paraíso mental y desembarqué en España hacia las cinco de la tarde. Y allí, entre mostradores y cintas de equipaje, estaba él, cumpliendo su promesa y esperándome de rodillas.

—¿Se puede saber qué haces?

—Cumplir con lo prometido.

—Sí, pero no me he vuelto más bajito en Bristol. Podías esperarme de pie.

Y sí, amigos, sucedió. Cual película adolescente cómica pero trágicamente dramática con un final feliz, procedió a sacar un anillo. La gente a mi alrededor detuvo su camino.

—Cásate conmigo.

8

LOS CIMIENTOS. PARTE III:

EL PRINCIPIO DEL FIN

Viví el verano de aquel año de una manera totalmente diferente. Visitas a fincas, creando listas de invitados, a los que posteriormente llamaba por teléfono para darle la buena nueva Todo el mundo estaba encantado. Y es que todo el mundo sabía entender que ya me tocaba enderezar, centrarme y formar una familia. Mi realidad era totalmente diferente.

Resultó ser que estaba durmiendo al lado de una persona que sabía vender historias de su vida, las cuales solo había vivido él. Ninguno de sus familiares o amigos a los que, por casualidad del destino y problemas de agenda rara vez podía coincidir, conocían aquel cuento macabro del chico gay y gitano que había huido de su pueblo debido al maltrato que sufría por parte de su familia y que, en un ejercicio de intentar ser fiel a sí mismo, me había conocido a mí.

Aquello fue lo que, supuestamente, le lanzó a pedirme matrimonio y tener claro que quería pasar el resto de su vida conmigo. Y si tenemos en cuenta que todo diamante viene de una sucia y oscura mina de carbón y hay que pulirlo para que brille, no todo lo que brilla es un diamante.

La noche que salimos de la finca donde decidimos darnos el «Sí, quiero» doce meses después, donde acudimos para entregar la señal de reserva y poder ver la iluminación nocturna, pude ser testigo de la primera parte de la versión original del director sin cortes del director. Alcancé a ver poco, pero sí pude leer frases como «a este, en cuanto termine de sacarle todo lo que tiene...» o «tranquilo, que este ni se cosca» entre fotos, vídeos y un alarde de lenguaje explícito.

Resultó que el zorro llevaba sus mejores pieles de cordero y tapaba todo su pelaje con falsas historias, creadas solo para conmover a la gente y desviar la atención de los focos hacia otro lado. Y, como cualquier animal salvaje, la peor parte de intentar cazar a un zorro es que, al verse acorralado, solo sabe atacar como respuesta.

El primer puñetazo me dolió tanto que me volvió insensible ante el resto de bocados, arañazos, patadas y demás muestras de amor recibidas a lo largo de lo que restaba de año, el cual acabó dándome el título de patoso, dado a lo propenso que era a «caerme», «darme golpes con muebles y puertas» o «chocarme con cristales». Aquellas historias ganaban credibilidad gracias a mi buena mano con el maquillaje, y pudimos distraer a amigos y familiares, hasta que nos confinaron.

Febrero me trajo de regalo un atropello al salir del trabajo y la cadera en cuatro trozos. Cinco horas de quirófano, tres clavos que sigo manteniendo y una intensa rehabilitación hicieron que recuperara el 100 % de movilidad para cuando una enfermedad asiática decidió propagarse en forma de pandemia por todo el mundo. Así que nos confinaron, bien confinados, permitiéndome poner toda mi atención en el gran día.

Visto con perspectiva, creo que el confinamiento nos dio los mejores meses de relación. A fin de cuentas, no podíamos salir a la calle, él no podía quedar con nadie y no se atrevía a serme infiel por internet, porque iba a suponer que yo me enterara y entonces tendría dos únicas opciones: matarme o irse de casa y verse en la calle, con una mano delante y otra detrás.

Eso sí, las palizas no cesaron. Los límites se perdieron y cualquier excusa era buena para propinar un par de guantazos o un empujón. Incluso yo mismo empecé a justificarlos y a hacer una lista mental de todas las cosas que podían desembocar en aquellas largas noches de lágrimas y cura de heridas, para no hacerlas. Si no puedes con tu enemigo, únete a él.

Entre restricciones de movilidad, infidelidades, pruebas de traje y palizas llegó la semana del gran día. Dos días antes de prometernos amor eterno, estando toda mi familia alojándose en mi casa y con una bajada considerable de casos positivos en el mundo, lo que nos permitió celebrarlo todo con normalidad, decidimos salir a tomar una cerveza, tras haber cenado con amigos. Solos, él y yo.

—¿Por qué me está mirando todo el mundo?

—No te mira nadie.

Yo sabía que sí. Más tarde, tuve la respuesta a mi pregunta. Y es que comprendí que, mientras yo bailaba en la pista del Templo pensando que sería la última vez que lo haría soltero en aquel sitio donde un día tuve la suerte de conocerlo, no solo estábamos él y yo. También habían ido Juan, Fernando, Borja, Sergio, Dani, Luis, Pedro, Manuel, Antonio y todos los chicos con los que llevaba meses acostándose. Y, entonces, también entendí que todos me miraban con pena de que fuera el único que no entendiese nada.

Me sacó del local, pellizcándome la espalda, sin dejarme hablar con ninguno de ellos y, al girar la esquina, comenzó a darme golpes en la cara mientras yo no dejaba de gritar y pedir auxilio. Pero nadie contestaba. Me tiró al suelo y comenzó a pegarme patadas en el estómago y cuando creí que iba a morir en el suelo de aquella calle, un ángel en forma de coche con luces azules apareció al fondo, lo que lo hizo parar y pisarme la mano, como señal de que tenía que callarme.

—¿Necesitáis algo, chicos? —preguntó el agente, viéndome llorar y toser en el suelo.

—No, agente. Ha bebido demasiado, acaba de vomitar y voy a llevarlo a casa.

—Ay, ¡esta juventud! ¿Seguro que estás bien, chico?

—Sí —mentí, entre lágrimas.

Aquella noche me dormí en dos segundos y sentí cómo volvía a encenderse el piloto automático en mi cabeza, el cual me ayudó a llegar al altar de la mano de mi hermana, con dolor de espalda y todos los moratones maquillados. Allí, con dos palabras, firmé mi sentencia de muerte.

—Sí, quiero.

9

ALTO EN EL CAMINO

La alarma sonó. Eran las cinco de la tarde y yo tenía la sensación de haber visto mi vida pasar por delante de mis ojos. Y es que había soñado hasta con Patricia, la de Recursos Humanos de mi almacén en Reino Unido. Necesitaba un café, eso estaba claro.

No había terminado el minuto marcado en el microondas cuando asumí que iba a volver a verlo.

«Dios, estoy horrible», pensé mientras me veía reflejado en la puerta de la cocina.

Sonó el microondas, devoré el café de dos tragos y procedí a ducharme y ponerme bastante guapo (o, al menos, a intentarlo), con la finalidad de que viera lo que había perdido. Sonó una notificación en mi móvil, era él.

«Oye, salgo para allá. Estoy al lado, ¿cómo vas?».

«Estoy listo, te espero en la puerta del bazar, ¿vale?»

«Vale, pero piensa dónde quieres tomar el café. Hasta ahora».

Intenté recordar cuándo había sido la última vez que me había montado en su coche. Tratando de hacer memoria, le vi girando la esquina y mi mundo se detuvo. Me monté, besé su mejilla en silencio y pusimos rumbo a por dos cafés en vaso de cartón de un autoservicio cercano, para no tener que bajarnos del coche y no arriesgarnos a ser vistos juntos en la terraza de una cafetería.

—Bueno, ¿no piensas decir nada?

—Ay, pequeño. Qué alegría me da verte.

—Yo no sé si puedo decir lo mismo. Definitivamente, necesito un chute de cafeína para afrontar esta conversación —afirmé tajantemente.

Café en mano, decidimos aparcar cerca, asegurándonos estar en un sitio donde nadie pudiera molestarnos. Me bajé del coche con cuidado, en un ejercicio de tranquilidad mental, por no revisar detalles del coche que pudieran desvelarme cualquier hazaña o batalla ocurrida durante mi ausencia, ya que entendía que, al no tener casa propia, no le quedaba más remedio al pobre que satisfacer sus necesidades en el coche si el susodicho no gozaba de casa propia tampoco.

Me encantaría haber tenido una grabadora para poder transcribir la conversación, pues, entre la resaca de cristal y el hecho de estar recién despierto, no recuerdo todo lo que hablamos. Si recuerdo el tono en el que lo hicimos cada uno. Yo iba al cuello, reprochaba constantemente con ira y frustración, aderezado con notable desconfianza, no dispuesto a creerme ni media palabra que saliera por su boca.

Agradecí que él, en su caso, equilibrara el tono de la conversación. Me ayudó a nivelar con calma, notaba el arrepentimiento en sus ojos y su voz, apagada y suave, como el terciopelo. Pero ni quería ni podía mostrar debilidad, aunque a los cinco minutos de estar hablando nos fundiéramos en un enorme abrazo entre lágrimas.

Él, que no había llorado delante de nadie nunca, se había decidido a ser sincero y comenzar a golpear el muro que lo separaba de mí desde hacía ya unos meses. Y yo, atento, pegaba los oídos y el corazón a la puta pared para intentar no dejar escapar ni un solo detalle.

Lo que más me dolió fue reconocer lo cobarde que era a diario al intentar encontrar la manera perfecta de suicidarme, sabiendo que nunca iba a ser capaz de llevarla a cabo, pues me aterraba la agonía y el dolor. Él no sabía qué contestar ante eso, solo que tenía que intentar estar bien y que tenía que ser consciente de que no era el único en aquel lugar (ni en el mundo) que lo estaba pasando mal. Yo, condescendiente de mí, contestaba siempre lo mismo.

—No te atrevas a compararte conmigo.

—No lo he hecho nunca, ni lo estoy haciendo ahora.

—Sí. Y no tienes derecho. Estamos viviendo esto por tu culpa —reproché, siendo el más empático del mundo.

—Mira, Josh —dijo con firmeza y un punto de desesperación en su voz—, no vamos a llegar a ningún lado reprochándonos el uno al otro. Asumo mi parte de responsabilidad y no hay ni habrá palabras en el mundo para expresar lo arrepentido que estoy. Querría tenerte en mi vida de la manera que fuera o, definitivamente, asumir que no te puedo tener, o que debo esperar a que te cures y, entonces, pongamos en manos del destino el volver a encontrarnos para reconectar de nuevo. Yo también necesito curarme y, aun así, siempre estaré aquí para cuando me necesites. Pero en positivo, no quiero más ríos de mierda que nos separen, ya hay bastantes.

Me dejó fascinado con aquel monólogo. Mr. Big no era hombre de palabras ni propenso a hablar con el corazón en la mano y, mucho menos, a darme la razón. Yo no supe qué contestar ante aquel despliegue de verborrea, así que decidí cambiar de tema. El resto de la conversación bajó el tono, la tensión y la intensidad de la conversación, al menos, un par de puntos. Decidimos, banalmente, ponernos al día de nuestro entorno: familia, amigos, idas y venidas... Y chicharreando se nos hizo de noche y tocó volver a casa.

Llegando a mi calle, me ofreció un cigarro como pipa de la paz, para despedirnos por el momento. Accedí. Y, sin darnos cuenta, nos encontramos en la misma esquina donde hacía más de año y medio nos habíamos dado nuestro primer beso. Así que, en un arrebato de nostalgia, nos dejamos llevar por el amor y lo besé, y me besó. Y nos besamos. Y aquel beso nos dejó claro y nos garantizó que si algo había entre los dos, eso era AMOR.

Aquella noche dormí sin necesidad de ayuda química ni natural. Y, sin saberlo, el destino y la vida me estaban otorgando la última noche de descanso de mi vida, hasta dentro de un tiempo, avisándome de que me agarrara que venían curvas. El resto de septiembre me hizo creer, en una alucinación, que el viaje en la montaña rusa había terminado y podía bajarme. Nada más lejos de la realidad. Acababa de comenzar mi destino final.

Sin darme apenas cuenta, el calendario marcó el 5 de octubre. Otro viernes de trabajo y fiesta a posterior, solo que aquella fiesta iba a ser diferente. Hacia las tres de la tarde, el cielo se cerró en un gris oscuro, casi negro, y comenzó a caer el diluvio universal. No sé si he dicho antes que en esta ciudad no llueve nunca y, obviamente, la ciudad no está preparada para absorber tantos litros de agua por metro cuadrado, por lo que se inunda con bastante facilidad.

Fue el miedo a no poder entrar en mi casa por culpa del río que se solía crear en mi calle lo que me hizo no consumir ningún tipo de estupefaciente aquella noche y retirarme temprano a descansar. No era más tarde de las 02:00 cuando estaba introduciendo la llave en la cerradura, cuando todo empezó a darme vueltas. Cerré con fuerza, miré hacia arriba y todo se volvió negro. Mis vías respiratorias se cerraron, sentí el duro y frío golpe de mi cabeza contra el suelo y cómo mi esfínter se relajaba y comenzaba a orinarme encima. Me latía el corazón a la velocidad de un caballo galopando en la playa alegremente y gotas de sudor del tamaño de las estalactitas que chocaron contra el Titanic caían por mi espalda.

Intenté gritar en dos o tres ocasiones, en busca de auxilio, pero ningún sonido salía de mi garganta. Fue entonces cuando me dije: «Relájate, ha llegado al fin tu hora». Y toda mi vida comenzó a pasar delante de mí en metrajes y antiguos negativos nunca revelados. Oí cómo mi abuela María me llamaba desde arriba, angustiada de no verme (cosa que me sorprendió bastante, ya que para cuando la pobre falleció, llevaba unos ocho años sin articular palabra).

La idea de morir de aquella manera no estaba tan mal, si lo pensaba fríamente. Estaba bien vestido y maquillado. Y, sobre todo, no era mi culpa. No lo había provocado yo, simplemente, me había llegado mi San Martín, como buen cerdo. Y entonces, se hizo el silencio en mi cabeza. Y respiré. Respiré tan fuerte que sentí levitar medio palmo del suelo.

Abrí los ojos, miré hacia los lados, comprobé que el impacto de mi cabeza contra el suelo no había acabado en sangre. Me incorporé como pude y corrí, corrí como si me persiguieran pasillo abajo, hasta mi cama, donde me metí bajo la sábana para desnudarme. Apreté los ojos con fuerza, junté las palmas y me puse a rezar. El sofoco hizo que pudiera dormirme relativamente rápido y no fue hasta la mañana siguiente cuando, tras intentar apagar la alarma, me di cuenta de que estaba atado por una cuerda invisible a la cama, sin poder mover ninguna extremidad.

Alcancé a toser para aclarar un poco mi garganta y, a voces, mientras la alarma sonaba y sonaba, pude hacer reaccionar al asistente de voz de mi teléfono para pedirle que llamara a mi compañera de trabajo con el altavoz, quien respondió enseguida y accedió a llevarme a urgencias. Y, entonces, trabajé mentalmente el ir relajando parte a parte de mi cuerpo, hasta que pude ponerme en pie, calzarme un chándal y salir de aquella casa de los horrores.

Llegué al hospital y fui atendido enseguida, donde me pusieron una pastilla bajo la lengua, comprobaron que no tuviera fiebre y me mandaron a reposar a mi casa con una cita bajo el brazo para tan solo dos días después. Volví a casa, me metí en la cama, llamé a mi jefa y le conté la situación, sin saber la gravedad del asunto ni querer entrar en detalles escabrosos, como la experiencia paranormal vivida la noche anterior.

Ella me animó a descansar, a tomarme las cosas con calma y a que dejara de pensar en cosas que, en ese momento, carecían de importancia. Dos días después, mi médico decidió que era el momento de ponerme en tratamiento y dejar de trabajar durante un par de semanas. Todo el mundo aplaudió su decisión; yo, en cambio, temblaba de miedo al pensar en las reacciones por parte de mis compañeros de trabajo y altos cargos de mi empresa.

Pero comprendí que mi mente necesitaba parar. Y que necesitaba descansar, mucho.

10

UNA POR SEMANA, 45 POR DÍA

[...] Esta mañana lo ha llamado diciéndole «lo he hecho» y ha dejado de dar señales de vida.

Desperté con mil cables rodeando mi cuerpo. Mr. Big me miraba desde lejos y la satisfacción recorrió su cara cuando vio mis ojos abrirse. Yo no sabía qué había pasado ni dónde estaba.

—José, ¿me escucha?

Asentí con la cabeza y volví a dormirme.

Oí el pitido de mis constantes, eso significaba que mi corazón seguía latiendo. De repente, alguien cogió mi mano. Abrí los ojos y ahí estaba Mr. Big.

—Enfermera, ha despertado de nuevo.

Una pequeña pero brillante luz blanca bailaba de lado a lado encima de mi cara.

—Sigue la luz, por favor —dijo la enfermera—. ¡Chicos, está consciente! ¿Cómo estás, José?

—Bien —dije mientras miraba a Mr. Big—. Ahora bien.

Dos horas después, estaba en el sofá de mi salón, abrazado a él. Mr. Big llamó a la policía, la cual había entrado en mi casa a través de la terraza del vecino y me había encontrado borracho y desnudo en el salón con dos blísteres de pastillas vacíos al lado. Ochenta y dos llamadas eran las que no había atendido en aquella madrugada. Prometí que no volvería a ocurrir.

Mr. Big, muy preocupado, se fue al día siguiente. Una semana después, quedé a cenar con mi amiga Keyla, quien, en un intento de hacerme sentir bien, me dejó pedir vino. Rellené la copa cinco veces aquella noche y, al terminar de cenar y Keyla haberse asegurado que me iba a casa, partió hacia la suya. Y fue entonces cuando bajé al bazar de confianza a por una botella de vino, esta vez, solo para mí.

Massiel sonaba en mi tocadiscos y en un santiamén la botella había caído.

[...] Varón encontrado en el suelo del baño, GLASGOW 7-8, 45 BZP consumidas y una botella de vino alrededor de la 01:00.

Abrí los ojos. No estaba Mr. Big aquella vez. ¿Había muerto al fin? No, la pequeña luz volvió para comprobar si podía seguirla con la mirada.

—José, ¿me oye?

—Sí.

—¿Puedes seguir la luz?

—Sí —contesté.

—¿Y mi dedo?

—Sí, ¿puedo irme?

—No. Antes tiene que verte la psiquiatra. Nos has dado un buen susto, muchacho.

Tres horas después, había terminado mi conversación con la psiquiatra y una hora más tarde, estaba fuera. Me prometí no volver a verme en esa situación. Entre mensajes y llamadas, había uno que llamó mi atención.

«Ya he pedido que borren mi número de teléfono como contacto de emergencia. Espero de corazón que te cures pronto».

Intenté contestar. No le llegaban.

EL USUARIO NO PUEDE RECIBIR MENSAJES NI LLAMADAS.

Cogí un taxi y me dirigí a casa, donde me aguardaba otra sorpresa.

—¿Prefieres que hablemos ahora o más tarde?

—Prefiero no hablar, mamá —contesté tajantemente.

Acto seguido, me metí a la cama

Tras varios días intentando ayudarme de la mejor manera que podía, pues cuando das a luz no te dan un curso que te indique cómo actuar si tu hijo intenta suicidarse, le pedí a mi madre que se fuera y me dejara solo. Ella, con todo el dolor de su corazón, no tuvo más remedio que aceptar y, como quien pierde una batalla, abandonó el campo de lucha.

Aquella noche me puse hasta el culo de todo. Toqué los fondos del inframundo y expulsé de mi vida a todo aquel que me rodeaba. Cuando volví a casa, cogí mi documentación, fui a la farmacia y retiré otra caja de pastillas. Subí y volví a poner a Massiel. Llené la bañera, me metí dentro y una a una fui tomando todas las pastillas. No podía dejar de llorar, pero, al menos aquella vez, estaba seguro de que nadie me encontraría con vida.

[...] Acuden policía nacional y bomberos. Tras forzar la puerta, encuentran al sujeto dentro de la bañera con síntomas de hipotermia e inconsciente.

Esa vez nadie me despertó. Cuando abrí los ojos, supe que la había cagado y que tenía un problema. Mis hermanos, mi madre, Mr. Big todos me habían insistido en dejarme ayudar e internarme. Miré hacia los lados, estaba solo. Procedí a arrancarme las vías y los chupones del pecho uno a uno. Me puse un pijama del hospital y, justo cuando me disponía a convertirme en prófugo de la justicia, la psiquiatra cruzó la puerta.

—Te dejas esto —dijo, entregándome el parte de alta.

Cruzar la puerta de mi casa era lo más cerca a Jumanji que había estado nunca. El suelo, lleno de huellas de suelas de botas de bomberos, todas las colchas y sábanas tiradas en el suelo del baño (entiendo que para apoyarme en el suelo al sacarme hinchado de la bañera) y, por supuesto, el silencio.

—Hola.

—¿Qué quieres? —preguntó serio Mr. Big al otro lado del teléfono.

—¿Me puedes llevar a la estación de bus?

—Sí.

Saqué un billete, aún tambaleándome. En cuanto llegó mi autobús, me monté y me quedé dormido. Cuando desperté, había llegado a mi ciudad natal. Bajé del bus y tomé un taxi, y en cuanto llegué, conté hasta diez. Respiré. Miré al cielo y encendí un cigarro.

En cuanto lo acabé, toqué al porterillo y me abrieron la puerta, sin preguntar quién había al otro lado. Parecían estar esperándome. Subí al ascensor, toqué la tecla número 5 y cuando llegué y toqué el timbre, la puerta estaba abierta.

—Bienvenido a casa, cielo.

—Gracias, mamá. Voy a ponerme bien.

—Lo sé.

11

ROUND AND ROUND

El aviso de mi teléfono de que el uso del dispositivo había disminuido un 45 % en comparación con la semana anterior me despertó. Miré el reloj, marcaba las 3:33 del 7 de noviembre. Llevaba dos putos días durmiendo.

Me levanté dispuesto a fumarme un cigarro, lavarme los dientes y dormir un día más si mi cuerpo me lo permitía. Sudé de mirar notificaciones, solo me importaba hablar con él y no sabía qué decirle.

Volví a mi dormitorio, totalmente aturdido y desubicado, prácticamente, sin saber dónde estaba. Decidí cerrar los ojos con fuerza y rezar. Hacía tanto tiempo que no hablaba con Él. Mantuve los ojos cerrados al terminar mis oraciones y, antes de darme cuenta, estaba dormido.

El martes amanecí con un sol brillante aunque frío. El amarillo y el naranja del sol se veía cortado por el azul grisáceo del cielo. Pude levantarme de la cama a una hora más que decente, dispuesto a prepararme un café y comenzar a organizar mi vida desde cero. Necesitaba una cita médica, una psicológica y una en el peluquero. Una vez teniendo apuntado en el calendario las tres, llamé a mi madre por teléfono para pedirle la lista de labores y quehaceres en casa, las cuales terminé sorprendentemente rápido. Planteé una rica receta para almorzar y me tumbé en el sofá, hasta que llegó la hora de comer. Siesta y meditación antes de la merienda y una buena película y un par de capítulos de lectura antes de dormir. Esa fue mi exacta rutina durante una semana y media.

Cuando el fin de semana de la semana siguiente llegó, decidí que mi encierro había llegado a su fin y que era el momento de avisar a mis amigos de la ciudad de que estaba allí y que estaba dispuesto a salir a bailar y, de paso, hacer acto de presencia en los locales que me vieron nacer de forma nocturna.

Vestido y maquillado para matar, aquella noche conocería dos términos que acabaría adoptando en mis noches y que terminaron de hundirme en el profundo y más oscuro de los pozos: MEFE y CHILL. Iban de la mano.

Salí dispuesto a arrasar en la pista de baile y estuve casi toda la noche en el baño, drogándome con unos y otros. Una vez acabada la fiesta, salimos dispuestos a continuar la fiesta en casa de cualquier desconocido, para continuar con nuestro plan: seguir drogándonos hasta que no pudiésemos más.

Ahí conocí la diferencia entre «amigo» y «colega». Un amigo es el que te ayuda a eliminar o esquivar los baches que te pone la vida en el camino. Un colega es el que te deja la tarjeta para hacerte una raya. ¿Por qué ibas a darle algo a un amigo para acabar con él y destrozar su vida? ¿Por qué permitir que tu amigo caiga en un pozo sin salida?

Tres motivos:

ESTÁIS EN EL MISMO POZO.
CADA UNO YA ES MAYORCITO PARA SABER LO QUE SE HACE.
NO ES TU AMIGO, ES TU COLEGA.

Y en eso se convirtió mi estilo de vida.

Por la mañana, niño bueno.

Por la noche, un diablo.

Una criatura del infierno, un animal nocturno dispuesto a arrastrar al lado oscuro a cualquier persona que se acercara y verter responsabilidad de todo lo que le pasara a cualquiera que hubiera pasado por su vida y hubiera hecho que sintiera un solo segundo de dolor. Dispuesto a vengarme.

Idas, venidas, una entrada al hospital con buen resultado, varias al psicólogo y al psiquiatra, droga (mucha droga), cero memoria, cero empatía por lo que me rodeaba y alcohol a litros. Nada de lo que hiciera me valía para sacar a Mr. Big de la cabeza. Ni un solo segundo.

Lo desbloqueaba y bloqueaba en cada amanecer, al que llegaba puesto hasta las cejas, unas diez veces aproximadamente. Deseaba odiarle, pues sería más fácil para mí. Pero era imposible, no podía olvidarlo.

Y aquellas ganas irrefrenables de estar con él me hicieron no darme cuenta de que empezaba a oler a leña, a turrón, a jengibre, a chimenea, sonaban los cascabeles y las luces iluminaban el camino hacia el año nuevo.

Este lo había empezado besándolo a él tras mi última uva, habíamos montado el árbol juntos y nos prometimos amor eterno. Joder, cómo lo echaba de menos.

Mis sentimientos solían ser difusos cuando llegaba el mes de diciembre. Era final y comienzo, o lo que para mí, en aquel momento, era final cada vez que, antes de dormir, pedía a Dios con todas mis fuerzas que aquella noche me mandara un fallo cardiaco que me dejara frito, y el comienzo cuando, al día siguiente, Dios no había cumplido mis peticiones y tenía que seguir fingiendo estar bien.

Aquella mañana, dispuesto a buscar algo de cariño ajeno, me puse a revisar notificaciones pasadas. Entre mensajes de *spam* y de preocupación de colegas y amigos, encontré una petición de amistad.

Se llamaba Pierre, era francés y vivía en un pueblo cercano a la ciudad. Según su perfil, era un enamorado del flamenco, la cultura española, viajar y los planes caseros. Vamos, un aburrimiento. Pero cierto era que todas esas cosas, dada mi aturdida rutina, me venían bastante bien para poder salir del agujero. Así que, sin pensarlo mucho (porque si lo pienso, no lo hago), lo acepté y empezamos a hablar.

Era un chico muy simpático y atento. Bastante puro y emanaba bondad por todos lados, y falta de cariño y comprensión a partes iguales. Otro miembro del club de los corazones rotos. Estuvimos todo el día hablando y lo que iba a ser una primera cita en dos o tres días acabó por fijarse al día siguiente por la tarde.

Decidimos quedar para saber si la persona que había al otro lado era real, así que quedamos para tomar café y poder conversar tranquilamente. Al día siguiente, arreglándome, me di cuenta de que, desde mi ruptura, no había tenido una cita ni nada parecido. Eso me puso nervioso.

A la hora citada, ambos estábamos allí. Punto para él por ser puntual y llegar oliendo bien. Nada más abrazarme, me regaló una pulsera.

—Así siempre recordarás este día —dijo con un alegre acento francés *aflamencao*.

Mantuvimos una conversación bastante fluida e interesante, prácticamente, con las mejores vistas de la ciudad. Era un chico antidrogas, antiambiente, amante de la Navidad y con ganas de enamorarse. Lo más parecido a Taylor Swift que había conocido en mi vida. Su relación más larga había durado tres meses hacía siete años.

La primera de muchas *red flags* en una persona que, a simple vista, despertaba cualquier tipo de sensación que no fuera negativa. Y es que, el pobre mío, no escondía un ápice de maldad.

Así que, como quien salta sin mirar si la piscina está llena, me lancé a la ternura y la pasión. Eso lo hizo empezar a confiar en sí mismo y empezó a verme como una pareja. *RED FLAG*. Ahí estaba el motivo de por qué no había tenido una relación de verdad nunca, porque se agarraba a cualquier clavo ardiendo que le prestara atención.

Fue entonces, cuando en un ejercicio más que egoísta, reaccioné. No quería tener más responsabilidad emocional sobre nadie que no fuera yo. Y, entonces, le conté todo. Los intentos de suicidio, mi relación con mi ex, que seguía estando enamorado de él, lo de las drogas todo. Él, lejos de entenderlo como una forma de pedirle distancia, lo leyó como una llamada de auxilio y una petición de ayuda. Y como yo sabía que se iba a ir de viaje de vuelta a Francia para pasar la Nochebuena, aproveché aquel tirón para soltárselo todo, prácticamente, embarcando, para que no pudiera contestarme a la cara y, de esa manera, no me diera (tanta) pena.

Me decidí a sincerarme con él, le pedí tiempo y compresión (la que no estaba teniendo yo), y que dejara de verme como lo estaba haciendo, que seguro que podíamos ser grandes amigos. Él me dijo que eso no era posible, que estaba empezando a ena No le permití que terminara la palabra y, bastante angustiado, me puse la careta de persona sin sentimientos para comunicarle que no era capaz de olvidar a mi ex, que estaba enamorado de mi ex y que no podía pensar en otra persona que no fuera mi ex. Me dio tanta pena sentir la decepción en su voz, pero era la única manera de salir de allí. O, al menos, la mejor. Dejó de contestarme y yo a él.

Para cuando había pasado la Nochebuena, mi vida seguía en el mismo bucle, tanto mental como de hábito. Seguía mintiendo a todo el mundo, drogándome casi a diario, alargando las fiestas dos o tres días y pidiéndole a Dios que me sacara de allí. Y cuando llegó la última noche del año, después de una abundante cena a base de canapés y gambas, me comí las uvas y me acosté en la cama a llorar desconsoladamente.

Antes de tener mi conversación diaria con el de arriba para hacer mi primera petición del año, sin pensarlo, marqué de memoria su número de teléfono. Contestó al instante:

—¿Quién?

—Feliz año.

—Feliz año, pequeño.

12

DISOLUCIÓN Y RENACER

El 2024 había llegado con fuerza y esperanza. Y por parte de los que estaban a mi lado en aquel turbulento viaje, algo más de confianza en mí. Mi mente maquiavélica supo sacar parte de aquella esperanza depositada y comenzó a organizar el crimen perfecto contra mí mismo. El plan era el siguiente:

Podía despedirme de mis amigos, sin que ellos supieran que me estaba despidiendo de ellos. El día de la víspera de Reyes fue el elegido, donde decidimos vernos todos para bailar a ritmo de nuestras canciones favoritas, ponernos nuevamente hasta el culo y desafiando a una batalla al amanecer, que acabaríamos ganando.

Sonreí más aquella noche que en todo lo que llevaba de año y para cuando el mediodía había llegado, y tocaba abandonar el último *chill* y coger camino a casa, agradecí llevar las gafas de sol. Cada vez me costaba más contener las lágrimas. Para cuando termine de comer, caí dormido finalmente y con sentimientos encontrados. Por un lado, el plan estaba saliendo bien, así que satisfecho por esa parte. Por otra parte, el hecho de pensar que aquella sería la última vez que los vería me producía una tristeza inmensa.

El portero de casa sonando me despertó, avisándome de que la otra parte del plan estaba aquí. Y es que me tocaba despedirme de mi familia de sangre y la portavoz elegida había sido Bea, mi prima pequeña, a la que prácticamente había criado. Llegó dispuesta a que me duchara y me arreglara para llevarme a mi restaurante favorito como regalo de reyes. Estábamos tan exhaustos de celebraciones, que, tras terminar de inflarnos a pescado frito, volvimos a casa con toda la intención de ver una película de terror (la cual no vimos) y a dormir, tapados hasta las cejas.

El sol del domingo presentaba sus primeros rayos y nosotros, con toda la energía de haber dormido doce horas, nos dispusimos a vestirnos y maquillarnos para matar. En mi caso, por última vez.

Unas jarras de medio litro de cerveza y abundantes bolas de queso fritas, cogimos camino a la gran fiesta de tarde, donde todos los miembros del colectivo LGTB de la provincia se congregarían, dispuestos a admirar los *shows* de *drags,* jugar al bingo y cerrar de una bonita manera la temporada navideña entre copas. La metáfora perfecta para explicar mi plan.

No recuerdo mucho de aquella fiesta, solo que me drogué. Me drogué tanto, que me teletransporté, para dejar a mi prima en un taxi que la hiciera llegar a casa segura y yo pudiera ir libremente a ver a mi camello, pillar y entrar al MÁXIMUM, un local de *cruising* donde tenías que entrar, mínimo, en ropa interior, dejando todas tus pertenencias en la taquilla y donde podías tener sexo con quien pudieras y quisieras.

Tras dar una vuelta, me encerré en una habitación privada yo solo y oí un ruido proveniente de mi pie. Efectivamente, como madre Rosalía dijo: «una motomami guarda el móvil en su bota siempre». En la bota derecha, el móvil: en la izquierda, una caja de cuarenta y cinco pastillas, listas para acabar con mi vida.

Salí a la barra, me pedí una cerveza y volví a la habitación. Vacié toda la droga que me quedaba encima de la pantalla de mi móvil, lo dividí en rallas y teniendo aquel *buffet* delante, me dispuse a tener mi última conversación con Dios antes de subir a su despacho.

«Espero que esto sea suficiente».

Empecé a esnifar y tomar pastillas, como un absoluto desequilibrado. En ese mismo instante, perdí la consciencia de las distancias, la dimensión de los objetos, los colores, los sonidos Todo se mezclaba entre sí, creando una orgía de sentimientos dentro de mí.

No sé cómo conseguí salir del MÁXIMUM, pero lo hice por mi pie y con todas mis pertenencias conmigo. Las luces de neón de las discotecas de alrededor me hacían entrar en una fantasía folclórica de lo más colorida.

Y decidí andar, camino a casa, sin ser consciente de que eran quince los kilómetros de distancia que me separaban de ella, por una larga autovía, no apta para peatones. Todo por morir en mi cama, calentito.

Justo Néstor pasó con su coche, tocó el claxon de su antiguo Fiat 500. Activé de nuevo mi modo lúcido, el cual podía controlar a la perfección y le pedí que me dejara cerca de casa de Pedro, desde donde podría tomar un taxi que me llevara a mi casa al fin.

Para cuando llegué a su calle, el miedo a la muerte y las ganas de vivir habían vuelto, pero mi organismo se iba apagando poco a poco. Toqué al timbre de Pedro con la intención de fumarme un cigarro en compañía y hacer un alto en tan largo camino.

—Josh, vete —dijo desde su ventana.

—Pedro, por favor, abre.

—Josh, no. Asume que ya se ha acabado todo. Has cruzado todos los límites, te has reído de nosotros y ahora te has quedado solo.

—Pedro, ábreme, te lo suplico.

—No, vete a casa.

—No puedo ir a una casa que no tengo.

—Llama a tu madre.

—Pedro, por favor.

Empujé la puerta del portal, la cual, para mi suerte, estaba abierta. Tras la fuerza ejercida, caí desplomado en el suelo de la escalera. Y entonces, la oscuridad y el silencio.

Desperté a las horas, no sé cuántas, enganchado de nuevo a mil máquinas y sin recordar nada de nada. Usé mi poder de persuasión y la pena para que me dejaran marchar, cosa que no me costó nada.

Me dirigí a casa, donde sabía que ya no me iban a recibir de la misma manera, aunque la esperanza es lo último que se pierde, supongo. Efectivamente, ni esperanza ni leches. No me dejaron pasar del marco de la puerta, lanzaron dos maletas con ropa hacia mi cara y cerraron la puerta en mis narices, pidiéndome desde el otro lado de la puerta que no volviera, que allí ya no era bien recibido.

Miré la última llamada perdida, era de Jesús. Rellamé.

—Nene, ¿estás bien?

—No, ¿puedo ir a tu casa y quedarme un par de días?

—Eso no tienes ni que preguntarlo. Mi casa es tuya.

—Vale, mañana cojo un bus hacia allí. Cuando sepa a qué hora llego, te aviso.

—Vale, mañana cuando estemos juntos, me cuentas todo.

—Perfecto, gracias.

—Te debo una, ¿lo recuerdas?

Aquella noche dormí en el frío suelo de la estación de autobuses, con un ojo abierto, para que no me robaran nada. A primera hora, cogí el primer autobús, el que tenía el trayecto más largo, para así descansar y llegar repuesto.

La última vez que vi a Jesús, lo estaba echando de mi casa y ahora él estaba allí, esperándome para acogerme en la suya. El reencuentro me hizo saber que aquel era el primer paso de un camino que tenía que empezar ya.

Y para ello necesitaba mandar un mensaje. Ya debéis saber quién iba a ser el receptor.

—Ya estoy en la ciudad. He vuelto. Te quiero.

Dos días se convirtieron en una semana y cuando ya había puesto remedio para poder internar voluntariamente en una clínica de Salud Mental para poder recuperarme y desconectar al 100 % del mundo exterior, le transmití la noticia a Jesús. Él me abrazó y me dijo que estaba muy orgulloso de mí y de las decisiones que estaba tomando.

Mi madre, en cambio, dejó de dar señales de vida, entiendo, que presa del dolor que le causaba todo lo vivido y sin saber lo que iba a pasar conmigo. Pero aquello ya lo arreglaría. Ahora me tocaba a mí.

Puesto que aquella iba a ser mi última noche de libertad, decidí llamar a Fabio, a quien aún no había visto, para pasarla junto a él y Jesús.

Fabio era el dueño del Templo y nos habíamos conseguido hacer tan amigos que nos seguíamos el ritmo el uno al otro sin esfuerzos, y cuando el otro lo necesitaba, el uno siempre estaba. Y así, convertimos en mito los *afters* del Templo, las fiestas en cualquier esquina y nos convertimos en compañeros de vida, viaje y hasta trabajo en ocasiones.

Fui a recogerlo a su casa tras haberle prometido en todos los idiomas que la droga ya no formaba parte de mí, que eso era cosa del pasado. Estuvimos horas andando y dando vueltas mientras poníamos al día todo lo que había pasado en nuestra vida. Cien dramas y doscientas risas después, nos juntamos con Jesús para tomar unas cervezas.

A nosotros se acabó uniendo, por misterios del destino, un chico que no conocíamos ninguno de los tres, Gabriel. Gabriel era un chico joven, bastante atractivo y se notaba que iba a por mí. Fabio me hacía gestos de incomodidad ante su presencia, pero no nos arrancamos ninguno a echarlo.

Hacia la 01:00, cada cerveza que me tomaba me entraba mejor que la anterior. Fabio me veía hacer movimientos extraños (me conocía bien) y, en un momento de la noche, me ofreció salir a tomar el aire y fumar.

—Josh, estás a tiempo de contarme la verdad. ¿Qué has tomado?

—Cerveza —dije preocupado.

—¿Estás seguro?

—Segurísimo.

—Vale, entonces, ven.

Me llevó a un callejón y empezó a revisar cada posible lugar de mi ropa y/o cuerpo en el que pudiera guardar cualquier tipo de droga. Y, al no encontrar nada, se dispuso a hacer el *test* más fiable conocido hasta la fecha, 100 % eficacia y resultado al instante, tras revisar mis pupilas.

Introdujo la punta de su lengua en los orificios de mi nariz. Tras no notar sabor amargo, confirmó que no había consumido nada más que alcohol.

—Vale, perdona, supongo que estás así por la euforia.

Cuando entramos, todos estaban recogiendo las cosas para seguir la fiesta en el Ámsterdam, donde yo, al fin, podría cerrar un círculo. Mi primer contacto con la droga, tras la partida de Mr. Big, había sido allí. Y de allí, saldría limpio y dispuesto a curarme.

Y fue al entrar cuando comenzó el declive de la noche. Fabio vio claramente como Gabriel vertía GHB dentro de mi cerveza y yo bebía con ansia. Lo cogió del cuello de la camisa, lo llevó al baño y comenzó a gritarle con la boca muy cerca de la cara:

—¡¿Qué cojones estás haciendo?!

—Yo nada que no le guste a tu amigo. Todos sabemos lo fácil que es follárselo cuando va puesto.

—Sal conmigo a la puerta, que vas a ver lo fácil que es colocarse.

—Pero vamos a ver, Fabio. Que aquí todos sabemos de qué pie cojeamos cada uno.

Fabio me cogió de un puñado y me dijo:

—Nos vamos.

—¿Irnos? Yo no quiero irme.

—Nos vamos y punto.

Fuimos andando hacia la puerta cuando Gabriel le dijo al oído a Fabio:

—No sé dónde vas, si a ti también llevo toda la noche poniéndote. Y no hay pruebas, porque he acabado el bote en la cerveza que tu amigo se está bebiendo de un solo buche.

—Pienso denunciarte. Te encontraré. Y cuando lo haga, sufrirás las consecuencias. He grabado toda nuestra conversación con el micrófono del móvil en el baño, estúpido.

Y yo, sin entender nada, de repente, me vi en la puerta de Urgencias.

—No puedo entrar contigo. Entra, di que tienes ansiedad para que te pinchen en el culo y pide que te lleven en ambulancia para ingresarte. Así no tienes que entrar mañana a las cuatro.

—Pero, Fabio, ¿qué está pasando?

—No te puedo contar nada, tengo que irme a hacer una cosa que solo puedo hacer yo, te prometo que iré a verte en cuanto pueda. Y no le cuentes esto a nadie. Confía en mí, Josh. Todo va a salir bien.

—Vale.

Seguí meticulosamente su plan y perdí el conocimiento en la ambulancia tras haber sido pinchado, tal y como me había pedido que hiciera. Desperté en la UCI, intubado, tras una reacción de mi sistema respiratorio, sin pertenencias, desnudo.

Me dijeron que había sufrido una sobredosis de éxtasis líquido. Juré y perjuré no haber consumido nada, pero nadie me creyó debido a mi historial. Cuando me dieron el alta, no entendía nada. No tenía batería en el móvil, ni dinero, ni a dónde ir. ¿Dónde estaba Jesús? ¿Dónde estaban mis cosas? ¿Dónde estaba todo el mundo?

Miré la hora en el neón de una farmacia, eran las 22:00. Si echaba a andar, me daría tiempo a llegar al trabajo de Jesús antes de que él saliera. Así, al menos, podría entender algo. Cuando le vi salir, respiré con tranquilidad; él, en cambio, no quiso ni mirarme a la cara.

—¿Qué cojones haces aquí?

—Jesús, no sé qué pasó ayer. Acabo de salir del hospital.

—Pues que te dio una sobredosis y has estado en la UCI, yonqui.

—Te juro que no me drogué, Jesús.

—No me creo nada. Me da igual, como si te mueres. ¿Qué quieres?

—¿Dónde están mis cosas?

—En el maletero de mi coche.

—¿Me puedes dejar hacer una llamada y ya te dejo tranquilo?

—¿Por qué no usas tu móvil?

—Porque está apagado. Por favor, es lo último que te pido.

—Vale. Tienes un minuto.

Respiré, me sequé las lágrimas y volví a marcar el número de memoria. Tres tonos después, su voz sonó para mí como si Dios estuviera hablándome directamente a mí.

—¿Sí?

—Damián, por favor, necesito que vengas a por mí.

—Vale, ¿dónde estás?

—En la puerta del trabajo de Jesús.

—No te muevas de ahí, no tardo nada.

No había terminado de fumarme el cigarro, cuando vi su coche girar la esquina. Jesús se fue sin despedirse.

—¿Qué está pasando?

EPÍLOGO

Damián, quien nunca más se llamaría Mr. Big y nunca antes había puesto el coche a 180 km/h (y tampoco lo volverá a hacer), se bajó para montar las maletas de Josh en el maletero, sin ser muy consciente de nada de lo que estaba pasando. Jesús, al cual solo había visto en dos ocasiones y había sido trabajando (por eso sabía dónde trabajaba) se fue andando hacia el que parecía ser su coche, se montó, arrancó y desapareció en la madrugada.

Hacía frío, estaba empezando a caer la humedad característica del mes de enero. Ambos se montaron en el coche sin prácticamente mirarse a la cara.

—Vámonos, vámonos lejos de aquí —dijo Josh, con lágrimas en la cara.

—Vale —dijo sonriendo Damián—, pero lo primero que necesito es una explicación. Creo que lo mínimo que merezco, después de llevar desaparecido dos meses, es una explicación.

—Vale, salgamos de aquí, aparca, nos fumamos un cigarro y te cuento.

—Venga, vamos a buscar un sitio donde aparcar.

No condujeron más de diez minutos cuando una calle, oscura y solitaria, les pareció el sitio más idóneo para parar y, de esta manera, que nadie fuera testigo de aquel fortuito encuentro y de la consecuente historia. Cuando Josh comenzó a relatar todo lo que había ocurrido, Damián intentó poder descifrar qué era verdad y qué no, pues estaba acostumbrado a la fantasía y la exageración por parte de Josh.

Josh, que se dio cuenta de que no estaba entrando en la narrativa que él le estaba contando, porque tan solo de escuchar la historia salir por su garganta le parecía firmada por un autor de Ciencia Ficción, decidió adjuntar todo tipo de pruebas físicas, con la finalidad de que Damián creyera al 100 % aquella historia.

Fue entonces cuando, preso aún de su asombro, preguntó:

—Pero ¿dónde está tu madre? ¿Y las llaves de tu casa?

—Mi madre está en su casa, de donde me ha echado. Y no, no tengo ni llaves ni casa.

—Y, exactamente, ¿qué haces aquí, en Almería?

—He venido para ingresar, pero mi plan se torció anoche, porque me ingresaron en la UCI...

—Espera, ¿qué? ¿Qué has hecho otra vez?

—Yo nada. Perdí el conocimiento en la ambulancia que me subía, porque me dio una sobredosis.

—O sea, que te drogaste.

—No, me drogaron.

—Sí, ya.

—Damián, te juro por todo lo que tengo enterrado que no me drogué.

—¿Con quién saliste?

—Con Fabio y Jesús.

—Y no te drogaste —afirmó, incrédulo.

—No, me drogaron.

—¿Quién?

—No lo sé.

—Mira, Josh, si quieres que te crea, vas a tener que explicarme las cosas y decirme la verdad. De otra manera, no te puedo ayudar.

—Damián, te estoy contando la verdad. Fabio lo sabe todo. Él me llevó a Urgencias y me dijo que pidiera una inyección y el ingreso voluntario, debido a un ataque de ansiedad.

—¿Pero cuándo te dio el ataque de ansiedad?

—No me dio ningún ataque de ansiedad, solo dije que me estaba dando para que me pincharan.

—¿Y cómo sabes que te drogaron?

—Porque he dado positivo en éxtasis líquido en el análisis.

—Vale. Vamos a hacer una cosa: voy a creerte. Pero, exactamente, no sé qué quieres que haga, porque a casa de mi madre no te puedo llevar. Y durmiendo en la calle tampoco te voy a dejar.

—Voy a ingresar en la planta de Salud Mental, pero antes, necesito arreglar todo esto.

—¿El qué?

—Lo nuestro.

—¿Qué hay que arreglar?

—Creo que he llegado a los límites más insospechados. Y todo esto viene de lo que viene. Yo voy a seguir las pautas, las recomendaciones todo. Voy a ser obediente y te voy a demostrar que estoy cumpliendo con mi palabra. Prometo dejar todo atrás, las mentiras, las infidelidades, la adicción pero, a cambio, quiero que estés ahí.

—Yo siempre he estado, pequeño.

—Ya, pero quiero que estés como estabas antes.

—Es decir, que tú... y yo...

—Sí.

—Josh, has perdido la cabeza.

—No, al revés. Ahora lo veo todo más claro que nunca. Yo voy a hacer todo lo que sea necesario para que esto salga bien, pero necesito que estés ahí.

—Pero si ya te he dicho que siempre he estado.

—Damián, que estés como tienes que estar, y como ambos queremos. Tú me dijiste que tenía que pasar el tiempo y que teníamos que volver a reconectar. Por favor, piénsatelo.

—Bueno, vamos a hacer lo que haya que hacer en el hospital y vamos poco a poco, a ver qué pasa. De momento, lo principal es que te cures.

—Vale —accedió Josh, volviendo a creer en la esperanza.

Alrededor de las tres de la madrugada atendieron en Urgencias a Josh, Damián se marchó a su casa con un batiburrillo de emociones y sin saber si aquello era lo correcto o no. A las once de la mañana recibió un último mensaje:

«Me van a ingresar ya, espero que de verdad pienses en lo nuestro. Te amo y siempre lo haré».

Josh entró en la planta de Salud Mental a las 11:05. A las 11:10 le avisaron de que a la 13:00 bajaría la psiquiatra a verlo.

A la 13:15, habiendo conocido a sus compañeros, viendo las instalaciones y dándose cuenta de que aquello más que un centro de Salud Mental era un centro de internamiento para gente con problemas diez veces más grandes que el suyo, donde se resolvían las crisis a base de medicación para que el paciente perdiera la percepción de la realidad, Josh mostró su inconformidad a estar ingresado.

—¿Estás seguro? —preguntó la psiquiatra.

—Sí —contestó Josh con firmeza.

—Vale, voy a redactar el alta. Usa este teléfono para llamar a alguien que venga a recogerte. Tiene que tener parentesco contigo, así que no llames a ningún amigo.

Josh supo que tenía que llamarlo a él. Era él o nadie. Y de él iba a depender que aquello saliera bien o no saliera.

—¿Sí?

—Damián, soy yo.

—Dime, pequeño.

—Necesito que vengas a por mí.

—Pero ¿no te habían ingresado?

—Sí, pero esto no es para mí.

—¿No quieres darle una oportunidad?

—No. Por favor, ven a por mí.

—Vale, salgo para allá.

A las 14:00 h, Josh estaba duchado, comido, vestido y con todo recogido para abandonar aquello, dejando todo su pasado atrás. Pero ya no dependía de él, sino de la respuesta que diera Damián al celador cuando le preguntara qué vínculo le unía a Josh.

Y lo malo es que Josh no podía estar delante de Damián cuando le hicieran aquella pregunta, así que no le quedó más remedio que hacer un ejercicio de confianza y rezar para que le diera la respuesta correcta.

—Hola. Vengo a recoger a José, de la planta de Salud Mental.

—¿Le han firmado el alta?

—Sí.

—¿Es usted familiar?

—Sí, soy su novio.

Josh pudo oír la respuesta desde el otro lado de la puerta. Con lágrimas en los ojos, le abrieron y corrió. Corrió a abrazarlo y, en ese momento, ambos se dieron cuenta de que aquella puerta era lo que les separaba ya, porque la pared había sido destruida. Ya pensarían qué hacer, cómo y cuándo. Pero aquel momento de absurda felicidad no lo iba a arruinar nadie.

Cuando se montaron en el coche se fundieron en un beso eterno, muestra de que hasta la más marchita de las flores puede renacer, que lo iban a hacer bien y que aquello no era el final de algo, sino la continuación de la historia más bonita de amor que jamás se había escrito.

Josh encendió el móvil y solo tenía una llamada perdida y un mensaje de Fabio:

«Nene, llámame en cuanto enciendas el móvil y leas esto. Es importante. He hecho lo que tenía que hacer. Ahora necesito que me ayudes».

ÍNDICE